택시운전사

〈천만 영화를 해부하다〉 평론 시리즈 3

택시운전사

한국미디어문화학회 엮음

연극과인간

천만 관객 영화는 우리가 '영화의 시대'를 살아가고 있
음을 일깨워준다. 한국미디어문화학회는 이것이 새로운
인문학적 탐구의 대상이 되었음을 인식하고 기획 시리
즈를 출범시켰다. 이번에 〈택시운전사〉를 내보낸다. 아
놀드 하우저는 그의 『문학과 예술의 사회사』(창작과비평

사, 2002)를 "영화의 시대"에 대한 서술로 마무리한다. 그는 현대 예술의 양분상태와 심리소설의 위기, 영화예술의 시간과 공간 구조와 동시성의 체험 그리고 집단적 예술제작의 특성 등을 설명한다. 하우저는 문학이 그동안 수행해온 예술의 사회사적 기능이 영화로 옮겨가게 되었으며 "문화적 독점을 해소하는 전제조건"을 만들어가는 일까지 주도적으로 이끌어갈 것이라고 예견한다. 영화의 기술이 비약적으로 발전하면서 문학의 독점적 지위는 약화되고 영화는 "예술 민주화"의 과제를 떠맡게 된다는 것이다.(하우저, 위의 책, 285-325 참조)

장훈의 〈택시운전사〉(2017)는 광주 시민의 민주화 운동에 관한 불편한 진실을 담고 있다. 1980년 당시 권력은 시민들과의 불화와 충돌에 관한 정보가 전해지지 않도록 금지하고 제한하고 통제하는 빗장을 곳곳에 걸어놓았다. 그런 장애물을 넘고자 먼저 예술가들이 용기를 내었다. 시와 소설, 회화와 사진, 무용과 음악, 연극과 영화, 뮤지컬 등으로 광주 항쟁의 담론은 확산되었고 지금도 여전히 재생산되고 있다. 〈택시운전사〉는 시각미디어의 효과와 위력을 과시하며 천만의 고지를 거뜬히 넘었다. 관객의 숫자를 근거로 영화의 성공과 가치를 판단하는 우(遇)를 범하지 말아야 할 것이다. 우리 학회와 필자들은 정치적 민주화의 소망이 예술 민주화에 대한 갈망과 어우러져 생산적인 논쟁으로 이어질 것을 기대한다.

관객에 대한 문제의식은 많은 필자 선생님들의 글 속에 내재되어 있다. 필자들은 〈택시운전사〉를 맞닥뜨리고 개인적인 기억 속에 저장된 이미지들을 동시에 떠올리는 "복잡한 예술"(하우저, 위의 책, 같은 곳)의 관객이 된다. 영화가 제공하는 영상과 기억 속의 이미지들은 최근 수준의 기술적 방식으로 몽타주되고, 새로운 파노라마에 대한 관객 체험은 독자적인 양식으로 표출된다. 김형래 선생님은 캐나다 토론토의 어느 영화관에서 〈택시운전사〉와 〈군함도〉의 관객으로 입장했던 경험을 출발점으로 삼는다. 이스라엘 히브리 대학의 이주연 선생님은 근동과 극동을 오가며 특별한 방식으로 〈택시운전사〉와 마주한 체험을 그려내고 있다. 미국의 캘리포니아에서 연구년을 보내던 중 원고청탁을 받은 김무규 선생님은 아마도 디지털 데이터로 전환되어 이동, 보관, 재생되는 방식으로 표준화된 영화의 관객이었을 것이다. "이미지의 국제적 이동 시대"(아비 바부르크)의 영화는 디지털 방식으로 유통되지만, 결국에는 관객 개인의 망막에 도달하여 전통적인 방식으로 작용한다. 중요한 것은 시간과 장소의 제한을 넘어 반복 재생이 가능한 기술적 환경이 조성되어 있다는 점이다. 영화는 관객과의 만남에 최적화된 기술적인 형식의 예술로 발전하고, 관객은 새로운 종(種)의 인류로 진화한다.

오늘날 영화는 관객이라는 공동체적 주체를 순식간에 탄생시키며 대중의 영혼에 느슨한 또는 강력한 프로그램을 거는 소프트웨어로 기능한다. 영화의 관객은 그들의 체험을 말하거나, 침묵하거나, 행위에 시동을 거는 토대로 삼거나, 글쓰기의 필자가 된다. 모든 감독이 작가주의 감독이 아니듯 모든 관객이 영화에 대하여 글을 쓰는 것은 아니다. 이 책은 영화의 시대에 각별한 이미지 체험을 기록한 호모 미디어쿠스의 보고서들을 모은 것이다. 바쁜 시간을 쪼개어 참여해주신 필자 선생님들께 존경하는 마음을 담아 고개를 숙인다. 애정과 관심을 갖고 출판을 허락해주신 출판사 사장님, 백년만의 무더위와 싸우며 예쁜 책을 만드는 수고를 아끼지 않은 편집자 선생님께 감사드린다.

한국미디어문화학회 회장 유봉근

차
례

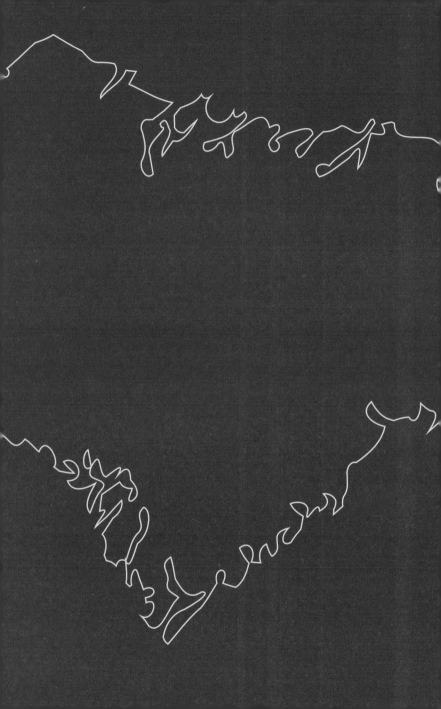

1부
1980년대, 그리고 나

1980년 광주 이후 한국 현대사는

광주의 진실을 은폐하려는 자들의 광주의 진실을 알리려는

사람들에 대한 폭압의 역사였다고 해도 과언이 아니다.

시대의 부름인가, 시대의 운명인가?

〈택시운전사〉와 〈1987〉비교

박정희

1980년 5월과 1987년 6월

대한민국의 1980년대를 가로지르는 민주화 항쟁의 두 축이 있다. 한 축은 1980년 5·18 광주민주화운동이고 다른 한 축은 1987년 6·10 민주항쟁이다. 둘 다 전두환 정권에서 일어난 것으로 신군부 정권의 태동과 소멸에 깊이 관련되었다. 이 민주화(民主化)의 역사적 기로에 선 우리 사회를 재조명하는 영화 두 편이 2017년에 나란히 개봉되었고, 스크린을 뜨겁게 달군 화제작으로 여전히 회자되고 있다. 이 두 영화는 장훈 감독의 〈택시운전사〉와 장준환 감독의 〈1987〉로 1980년대 우리의 아픈 역사를 스크린으로 가져왔다는 공통점을 가진다. 1980년 광주의 연장선인 1987년이 같은 시기에 나온 셈이다. 〈택시운전사〉는 평범한 택시기사가 독일 기자와 함께 향한 광주에서 목도한 5월, 그날의 진실을 담담하게 그려내며 천만 관객을 모았고, 〈1987〉은 평범한 사람들의 올곧은 용기가 바꾼 역사의 물줄기를 통해 오늘의 관객을 다시 광장으로 이끌어냈다. 격동의 현대사를 그린 두 작품이 이처럼 같은 시기에 나온 것도 우연은 아닐 것이다. 물론

5·18[1]과 6·10[2] 민주화 항쟁을 소재로 한 드라마나 영화가 이전에 없었던 것은 아니다. 그렇다면 두 영화의 공통점은 무엇이며, 다른 점은 무엇인가?

사실과 허구의 혼재

익히 알려진 것처럼 두 영화는 우리 현대사의 굵직한 사건(!)과 인물들을 근간으로 하고 있다. 실존인물들을 바탕으로 한 실화영화라는 것이다. 1979년 12월 26일 박정희 대통령 시해 사건 후 국민들은 민주화를 꿈꿨지만, 결과는 신군부 전두환 정권의 등장이었다. 한국정치사에서

---

1 광주의 진실을 알린 영화는 그동안 많았다. 이를 연대별로 살펴보면 다음과 같다. 물론 부분적으로 다루었지만, 이중 〈꽃잎〉은 광주 시내에서 대규모 집회장면을 재현해 가며 찍은 최초의 극영화였다.
1987 〈칸트씨의 발표회〉, 1989 〈오! 꿈의 나라〉, 1996 〈꽃잎〉, 2000 〈박하사탕〉, 2007 〈화려한 휴가〉〈오래된 정원〉〈스카우트〉, 2008 〈슈퍼맨이었던 사나이〉, 2012 〈26년〉

2 1987년 1월 13일 치안본부 대공분실에서 물고문으로 숨진 고 박종철의 삶을 다룬 드라마는, 2002년 6월에 MBC에서 기획 특집드라마로 방영한 〈순수청년 박종철〉이 있다. 고문치사사건보다는 박종철이라는 인간 자체에 무게중심을 두었으며, 투사라기보다는 정말 순박한 청년을 표현하기 위해 아마추어 연기자를 기용했다고 한다.

5·16 군사 쿠데타 이후 또 한 번의 군사쿠데타가 시작된 1979년 12월 12일 당시 합동수사본부장 전두환은 계엄사령관에 취임한 정승화 육군 참모총장을 체포하며 군사반란[3]을 일으켜 군부를 장악했다. 그리고 대통령에 오르기 위해 무고한 시민의 민주화의 열망을 짓밟으며 장갑차와 소총 등으로 무장한 계엄군을 동원해 무력으로 진압하기 시작했다. 그는 1980년 5월 17일 비상계엄령을 발동하여 전국으로 확대했으며, 이튿날인 5월 18일 민주화운동이 들끓었던 광주를 광주사태로 전 국민에게 호도하며 계엄군과 공수특전여단을 투입해 시민을 향해 잔혹한 학살을 자행했다.

이러한 시대적 배경을 뒤로한 영화 〈택시운전사〉에 등장하는 주요 인물은 실제인물과 이름만 다를 뿐이다. 택시운전사 김만섭(송강호)은 실제 호텔에 소속된 택시

---

3 12·12 군사 쿠데타의 진상은 권력에 의해 오랫동안 은폐되었지만, 1993년 김영삼 문민정부 출범이후 5·18 특별법이 제정되었고, 주역인 전두환과 노태우 두 전직 대통령이 구속되어 사법적 심판을 받는 과정에서 '하극상에 의한 군사 쿠데타'라는 역사적 평가를 받았다.

를 운전한 김사복이고 촬영 기자인 피터(토마스 크래취만)는 독일 제1 공영방송인 ARD 도쿄 주재 기자 위르겐 힌츠페터였다. 〈1987〉 역시 경찰 조사를 받던 스물두 살의 대학생 박종철 군의 사망을 둘러싼 정부, 검사, 기자, 사제, 재야인사, 학생들 간의 뜨거운 사투를 중심으로 다루고 있으며, 실제 인물 다수를 영화에 녹여냈다. 서울대 학생 박종철을 빨갱이로 몰며 고문치사 사건을 주도적으로 은폐·왜곡한 대공수사처의 박 처장(김윤석)은 실제 박처원 치안감[4]이며, 국립과학수사연구소가 부검소견을 '목 부위 압박에 따른 질식사'라고 했지만, 사망 원인을

[4] "책상을 '탁'치니 '억'하고 쓰러졌다"고 영화에선 박처원 치안감의 설명으로 묘사되지만 실제는 강민창 내무부 치안본부장이었다. 박 처장은 영화에서 김윤석이 북한 사투리를 썼던 것처럼 1929년 평안남도 진남포에서 출생했고, 해방 후 월남해 1947년 경찰이 됐으며, 당시 대공처장이었다. 19년 전 노환으로 세상을 떠난 것으로 알려졌다.

단순 쇼크사로 위장하려 했던 치안총감 강 부장(우현)[5]은 실제 당시 강민창 치안본부장이었다. 고문에 의한 사망이라 직감하며 증거를 인멸하기 위해 시신을 화장하라는 상부명령을 거역하며 '시체보존명령'을 내려 남영동 고문살인 사건을 세상에 밝혀지도록 만든 검찰 공안부 서울지검 최 검사(하정우)는 실제 최환 검사였다. 이는 그에게 결코 쉽지 않은 결단이었을 것이다. 박종철 고문치사후 최초 목격자로 물고문에 대한 결정적인 단서를 기자들에게 제공한 검안의(이현균)는 실제 중앙대 용산병원 오연상 내과 의사였다. 끈질기게 진실을 밝혀보고자 사건을 파헤진 열혈 일간지 편집국의 사회부 윤 기자(이희

---

5 경찰 총수로서 치안총감(현 경찰청장) 본부장 역을 맡은 우현은 당시 연세대 총학생회 사회부장으로 각종 집회와 시위를 주도했으며, 고(故) 이한열 열사의 장례는 물론 49재를 이끌었다. 치안본부장 강민창은 박종철 열사가 숨진 지 정확히 1년이 되는 1988년 1월 14일 소환되고, 이튿날 구속됐다. 최근 그의 죽음으로 87 항쟁의 가해자에 대한 근황이 다시 언론을 통해 보도되었는데, 역사의 우연인지, 그 가해자의 피해자 故 박종철 열사의 부친 박정기 씨 역시 지난 7월 28일 한 많은 삶을 마감했다. 그는 서울 용산구 옛 남영동 대공분실에서 고문치사로 숨진 아들의 유해를 공릉천에 뿌리며 "철아, 잘 가그래이, 아부지는 아무 할 말이 없데이"라는 말로 모두의 가슴을 적셨다. 영화 〈1987〉에서 故 박종철 열사의 아버지 박정기(김종수)가 강가에서 유골뿌리며, 아들의 영정을 끌어안고 눈물 흘리는 장면이 나온다.

준)는 실제 윤상삼 동아일보 기자였다. 교도소에 수감된 해직기자와 교도소 밖 가톨릭 신부 사이의 서신 연결을 통해 억울하고 비통한 이 사건을 세상에 알리려고 노력한 한재동(유해진) 교도관 역시 실존인물이다. 한국 민주화 운동의 보이지 않는 영웅으로 30년 가까이 수배, 도피, 투옥 등 삶 자체가 민주화 운동의 화신이자 재야 조직가인 김정남(설경구) 역시 실제 인물이다. 그는 반공법으로 옥살이 하던 이부영(김의성)이 보내온 편지를 바탕으로 성명서를 썼으며, 그가 작성한 성명서는 실제 가톨릭 정의구현사제단의 김승훈 신부(정인기)가 발표했는데, 이것이 6월 항쟁의 도화선이 되었다. 그는 명동성당에서 박종철 열사 고문치사 진범들을 고발하기도 했다. 이처럼 두 영화에는 억압과 폭력의 시대 80년대를 관통하는 두 민주화 항쟁을 프레임으로 놓고, 실존 인물들을 배치하며 다큐멘트적인 요소를 통한 현대사의 재현에 공을 들였다.

두 영화는 공히 국민을 지켜주어야 할 군인과 민중의 지 팡이로 시민을 보호해야 할 경찰이 독재 군부정권의 하수인으로 시민의 정당한 시위를 탄압하고 국가 폭력을 정당화하는 1980년대의 우리 사회의 암울한 기억들을 소환한다. 다른 한편 군사정권 아래 절대 권력을 수발하는 군인과 공권력의 첨병인 경찰의 거스를 수 없는 운명에 대한 성찰을 담고 있다.

〈택시운전사〉에서 "모르겠어라. 우덜도 우덜한테 와 그라는지"라는 광주 거주 대학생 재식의 탄식이 보여주듯 광주시민은 불순한 의도로 거리에 뛰쳐나온 것이 아니다. 그럼에도 12·12 신군부 쿠데타를 통해 권력을 일거에 장악한 전두환은 민주화를 요구하는 시민들에게 계엄령을 선포했다. 전국으로 확대된 계엄령으로 정국이 얼어붙었지만, 광주 시민들은 이에 굴하지 않고 시위를 이어나갔다. 이에 광주에 투입된 5·18 대학살의 주력 부대였던 제11공수특전여단은 시민들을 잔인하게 무력으로 해산하려했고, 발포명령에 따라 시위대를 향해 총을 마구 쏘아댔다. 제3세계에서나 종종 일어나는 신군부의 집권과 쿠데타 세력의 민간인 학살이 광주에서도 일어난 것이다. 이에 분기탱천한 광주시민들은 총을 들었다. 시민의 자위권을 침해한 국가 권력에 대해 이들은 시민 저항권으로 맞섰으며, 이는 분별력을 상실한 군중이나 폭도가 아닌 주권자의 이름으로 정당하다. 요컨대 시민을 향해 총을 겨누고 쏜 군인에 항거해 시민이 무장봉기하는 것은 정당한 일이다.

이처럼 폭압적 국가권력을 앞세워 집권한 전두환 정권의 말기를 다룬 〈1987〉에서는 박종철 고문치사사건과 호헌조치 선언 등이 나오며, '고문 살인 규탄 및 전두환 정권 퇴진 시위'가 들불처럼 피어오르며, 박종철 열사로 시작된 영화는 결국 이한열 열사의 죽음으로 끝맺음한다. 이번에는 광주만이 아닌 전국적인 시위였다.

두 영화는 공히 민주화운동을 무참히 짓밟은 당시 참상을 현실적으로 그려냄으로써 관객들로 하여금 전두환 군사정권에 대한 반발심과 비인도적이고 폭압적인 진압에 대한 분노를 불러일으킨다. 여기서 두 감독은 80년대에 횡행한 고문이나 폭력의 장면을 최대한 현실에 가깝게 재현하려 했으며, 민주화 운동을 탄압한 국가 폭력에 저항하며 의롭게 희생과 헌신을 아끼지 않은 많은 위인들을 소환했다. 때로는 실제 인물로, 때로는 영화에만 자리하는 인물로 말이다. 두 차례에 걸쳐 이루어진 시민(민중) 봉기의 이유는 간단했다. 민주화였다. 이처럼 단한 가지 목적을 염두에 둔 항쟁이기에 인물들 사이의 유사성도 눈에 띈다. 물론 〈1987〉 초반에 보여준 국가 폭력의 상징이었던 남영동 대공분실 509호에서 고문당했던 박종철 열사의 모습은 경찰의 무차별적인 폭력과 오버랩되지만, 〈택시운전사〉에서 기자인 피터를 통역해 주며 죽음으로 맞선 광주 거주 대학생인 재식은 〈1987〉의 이한열(강동원) 열사와 여러 면에서 교차된다. 고(故) 이한열 열사는 광주에서 고등학교를 졸업했으며, 1980년 5·18 광주 민주화운동을 보고 연세대 경영학과에 재학중 학생운동에 투신하게 된다. 그는 1987년 6월 9일 "호헌철폐, 독재타도!"를 외치던 중 시위를 진압하던 무장한 전투경찰이 쏜 최루탄에 맞고 피를 흘리며 쓰러져 병원에 이송되어 사경을 헤매다 7월 5일 숨을 거뒀다. 꽃다운 청춘을 민주화를 위해 목숨을 바친 것이다.

그러나 무엇보다 개인을 희생하는 부분에서 꼭 언급해야 하는 인물이 있다. 영화에서 비중이 크지 않은 평범한 시민이다. 서울에서 내려온 만섭을 끝까지 도와준 〈택시운전사〉의 황태술이 바로 그다. 그는 만섭의 오래된 차가 퍼지자 수리하도록 도울 뿐만 아니라, 집에 초대하여 재워주며 맛깔스런 남도 음식을 대접한다. 결정적으로는 피터와 만섭이 계엄군에 의해 삼엄하게 점령된 광주를 빠져나갈 수 있도록 마지막까지 함께 한 정의로운 사람이다. 나아가 제복을 입은 군인과 교도관 역시 시대의 운명을 바꾼 인물이다. 〈1987〉에 사건의 진실을 담은 옥중서신을 전달하는 교도관 한병용(유해진) 그리고 〈택시운전사〉에서 서울로 향하는 만섭의 택시 트렁크에 숨겨진 서울 번호판을 발견하고도 이를 모른 체 통과시켜주던 검문소의 박중사(엄태구) 역시 명령에 불복종한 그리하여 광주의 참상을 세상에 알리는데 크게 기여한 인물이다. 따라서 두 영화의 메시지는 특정인이 아닌 진실을 알리고 정의를 지켜내려는 보통사람들의 민주화에 대한 염원이다.

나아가 두 영화에 등장한 언론인을 보면, 민주화와 언론의 관계를 이해할 수 있다. '사건이 있는 곳에 기자가 있다'는 말처럼, 이들은 민주항쟁에 깊이 관여하며 언론의 존재와 역할은 무엇인가의 표본을 보여준다. 〈택시운전사〉에서 언론은 독재정권의 서슬퍼런 감시 하에 손발이 묶인 상태로, 군부는 언론을 통제하고 언론은 국민을 통제하는 수직적인 구조로 이루어졌다. 바로 이 옴짝달싹할 수 없는 감시구조와 통제를 뚫은 기자가 바로 피터다. 그의 '기자'로서의 직업적 사명은 영화 후반부에 그에게 "당신은 왜 기자가 되었나?"라는 질문 속에 드러난다. 하지만 역사의 현장에서 진실을 알리겠다는 저널리즘 정신보다는 "돈을 벌기 위해"라는 무성의한 답변이 되돌아온다. 그렇지만 그는 역사를 은폐·왜곡하려는 위정자에 맞서 끝까지 현지 취재를 통한 현장의 목소리를 기록영상으로 담아내려 했다. 실제인물 위르겐 힌츠페터는 지역봉쇄와 언론통제 속에 광주에 잠입하여 찍은 영상으로 〈기로에 선 한국〉이란 다큐멘터리를 제작하여 송출함으로써 광주의 참혹한 진실을 세계만방에 알리는 데 기여했다. 그가 없는 광주 민주화 항쟁의 역사가 존재할 수 없는 이유가 바로 여기에 있다.

1980년 광주에 힌츠페터가 있다면 1987년 서울에는 윤상삼이 있었다. 영화 〈1987〉에서 검찰간부가 무심코 던진 한마디를 놓치지 않고 박종철 고문치사 사건을 처음으로 보도한 중앙일보 신성호(이신성) 기자와 화장실에 숨어서까지 취재를 하며, 검안의를 끝까지 설득해 특종기사를 낸 윤상삼[6] 동아일보 기자, "경찰이 고문해서 대학생이 죽었는데, 보도지침이 대수야. 앞뒤 재지 말고 들이받아"라면서 기사를 실은 동아일보 사회부장(고창석)도 마찬가지였다. 이들은 진실을 무기로 사태를 예의

---

6   그는 '박종철 군 고문치사 은폐조작'이란 제목으로 팀 동료 4명과 함께 1987년도 한국기자상(19회·한국기자협회)을 수상하고, 소감 및 취재기(《한국기자상 30년》 수록)를 대표 작성했다. '박종철 사망' 소식을 처음 알린 〈중앙일보〉 신성호 기자도 동료 둘과 함께 한국기자상을 받았다.

주시하며, '보도지침'이란 권력의 부당한 간섭을 과감히 뿌리치고 광주의 진실을 세상에 드러냈다. 양심의 선택에 따라 기자는 진실과 정의를 수호하는 감시·고발자가 되기도 하고, 영화 〈내부자들〉에서 처럼 탐욕에 빠진 타락한 권력의 하수인이 되기도 한다. 기자라는 직분에 대해 이 두 영화는 진실과 양심의 파수꾼으로서 언론인을 상정했다. 그 결과 오물을 뒤집어 쓴 채 매도된 진실은 세상에 알려졌고, 그 진실의 힘으로 이들은 세상을 바꾸는데 일조했다.

나아가 시민군과 계엄군 사이의 교전에서 광주시민이 보여준 자율 공동체는 당시 광주시민의 민주화에 대한 염원이 얼마나 큰지 알 수 있다. 시위 중에 주먹밥을 건네는 사람들과 공짜 주유소, 무료로 환자들을 실어 나르는 택시들, 이 모두는 시민 혁명의 주체이자 저항의 주체로 광주민주화항쟁이 왜 민중항쟁사의 관점에서 되새겨보아야 하는지를 보여주는 대목이다. 박종철 열사 고문치사사건부터 이한열 열사 사망까지 실제 1987년 대한민국 민주화운동을 고스란히 스크린에 담은 〈1987〉

역시 6월 항쟁 당시 민주주의를 위해 각자의 자리에서 헌신한 시민들의 이야기를 촘촘하게 엮어냈다. 다시 말해 공동체적인 선과 대의를 위해 민중이 단합하여 호헌철폐와 대통령직선제를 이끌어내며 소시민이 승리하는 서사로 막을 내린다. 이는 어렵고 힘든 과정을 견뎌내며 광주 민주화항쟁의 진실을 알리고자 한 마음으로 서로를 배려한 광주시민과 택시기사 만섭이 없이는 불가능한 여정을 보여준 〈택시운전사〉와 같은 맥락으로 읽힌다. 따라서 1980년과 1987년을 뜨겁게 달군 시민들의 목소리를 통해 두 감독은 '모두가 주인공'이 되는 방식을 취했다.

그런다고 세상이 바뀌어요?의 패러독스

역사란 모름지기 "과거와 현재의 끊임없는 대화"라는 명제를 굳이 들먹이지 않더라도 2016년 촛불정국은 분명 1980년대의 암울을 환기시킨다. 그리고 2017년에 소환된 두 영화를 통해 우리는 과거를 되짚어 볼 수 있었다. 1980년 5·18 광주민주화운동 당시 단순히 민주화를 염원한 무고한 시민들은 군부의 정권찬탈에 맞서 시위와 데모를 하다가 자신들에게 겨눈 총에 무자비한 살상을 당했다. 군사정권과 어용 언론은 민주항쟁을 폭동이라, 총을 든 시민군을 향해 '폭도' 혹은 '빨갱이'라 불렀다. 결국 시민군은 총을 들었고, 계엄군과 교전을 벌이다 끝내 진압되었다. 그리하여 '5·18 광주민주화운동'이 아닌 '광주사태'로 칭해졌지만 그것이 잘못된 말인지조차도 몰랐다. 아니 다수의 사람들은 그 발화(發話)의 진정성을 의심하지 않았으며 오래도록 그렇게 사용했다. 1987년 6·10 민주항쟁의 도화선 역시 시작은 무고한 대학생을 운동권으로 족쳐 '빨갱이'를 색출해 내려고 혈안이 되었던 당시의 공안경찰에 있었다. 민주항쟁의 기폭제가 된 박종철 고문치사사건은 결국 1987년을 뜨겁게 달구었고, 정권의 무자비한 폭력에 맞서는 편에 선 사람들 모두가 공안정국의 협박과 공포 속에서도 끝내 진실을 포기하지 않았다. 양심을 버리지 않은 부검의, 끝까지 진실을 파헤쳐 공권력을 무너뜨린 기자, 권력의 부당한 지시를 거부한 공안검사, 진정한 평화와 자유를 열망하며 진실 왜곡과 사건축소에 대한 성명서를 발표한 천주교 사제들과 재야 민주인사, "진실은 감옥에 가둘 수 없다"는 교도관 그리고 울분으로 거리에 뛰쳐나올 수밖에 없었던 수많은 대학생과 시민들까지 말이다. 어떤 이는 "〈택시운전사〉는 목격자의 영화이며 〈1987〉은 참여의 영화"라고 분석했다. 당사자로서의 주관적인 시선과 목격자로서의 객관적인 시선이 교차하는 지점이 뚜렷하게 구분되기 때문일 것이다. 여튼 전 국민의 거센 저항에 부딪힌 전두환 군부정권은 결국 백기를 들었고, 당시 민정당 노태우 대표는 국민이 요구한 민주화와 대통령 직선제 개헌 요구를 수용하겠다고 밝혔다. 이러한 6·29 선언에 따라 1987년 12월 16일 직선제 대선이 이뤄지면서 길었던 군사정권 시대가 저무는 듯 보였지만, 민주진영의 단일화 실패에 따른 분열로 결국 노태우가 당선되며 군부정권의 민간이양이라는 오랜 염원은 결국 실패로 돌아갔다.

여튼 윗세대에 대한 위로의 방식으로 부족함을 질타

하거나 민주항쟁 세대를 위한 헌사로 비판을 받은 두 영화는 그럼에도 시대의 부름에 조응하는 것 같다. 이명박·박근혜 정권으로 이어진 역사의 수레바퀴는 오히려 우리 사회를 뒷걸음질 치게 만들었으며, 결국 작금의 시대가 우리 사회에서 잊혀진 1980년대를 소환하게 하는 데 어쩌면 수월했을지도 모른다. 결국 초유의 헌법 유린으로 국정을 흔들었던 박근혜 대통령은 역사상 처음으로 2017년 3월 12일 탄핵된 뒤 구속됐고, 이어 이명박 대통령도 수뢰혐의로 재판 중이다. 이 역시 우리의 불행한 역사의 한 장으로 남을 것이다. 국민들은 '촛불시민혁명'을 통해 국가권력의 정점인 대통령을 파면시켰고, 2017년 5월 문재인 정부를 탄생시켰다. 그리고 2018년 오늘 우리들은 다시 '나라다운 나라'와 '정의로운 나라'에 대해 이야기하기 시작했다.

실화영화로 볼 수 있는 두 영화에서 끊임없이 돌아오는 질문은 그럼에도 "그런다고 세상이 바뀌어요?"라는 대사이다. 두 영화는 결국 사람이 죽어야 변하는 세상을 그리고 있다. 정치색이 전혀 없이 그저 먹고 살기에 바쁜 소시민 만섭과 연희(김태리)가 바로 그렇다. 일상의 안위만을 걱정했던 만섭은 광주에서 직접 주검들을 목도한 뒤에야 심경의 변화를 겪었고, 서울 한복판에서 최루탄을 맞고 쓰러진 선배를 본 연희는 이후에 "그날이 오면"을 목청껏 외치며 울분에 차게 된다. 첫 등장부터 잡지를 얼굴에 뒤집어 쓴 모습이고, 다음 장면에서는 헤드셋으로 음악을 들으며 걸어감으로써, 어쩌면 그녀는 사회적인 문제에 대해 눈과 귀를 막은 대중을 상징하는 인물로 보인다. 게다가 그녀 주변에는 데모와 시위를 하거나 '세상을 바꾸기 위한 노력'을 하는 사람들이 있음에도 정작 본인은 개인적 상처 때문에 매사 회의적인 태도를 보인다. 그녀는 소개팅을 하러 가는 길에 시위가 일어나 경찰에게 맞으며 쫓기게 되고 몸을 숨겨 얼굴에 묻은 최루가스를 닦으며 "처음 소개팅인데 데모하고 지랄이야…"라고 하는데, 이는 〈택시운전사〉의 잘 달리던 택시가 멈추자 원인이 데모하는 학생들 때문이라고 생각한 만섭의 혼잣말 "학생이 하라는 공부는 안하고 맨날 데모나 하고 … 데모하려고 대학 갔나"와 묘하게 어울린다. 영화의 마지막, 수많은 사람들이 모인 광장에서 결국 손을 들고 "호헌철폐 독재타도"를 외치는 그녀의 모습은 윤리적 각성을 통해 시대고를 고민하며 완전히 변한 만섭의 마지막 모습과 오버랩된다. 죽음과 맞바꾼 그래서 인간의 존엄을 떠올린 사건이기 때문일 것이다. 그리하여 1980년대 우리 사회의 민주화에 대한 염원을 무참히 짓밟은 비극의 역사에서 생생하게 퍼올린 두 영화는 어쩌면 선량하고 평범하지만 (철저한) 방관자의 입장에서 담대한 용기와 행동하는 시민이 되기까지의 여정을 그린 것으로 택시운전사 만섭과 87학번 대학생 연희로 귀결될 수 있을 것이다.

　　5.18과 6.10 항쟁 사이에는 수많은 민주투사와 열사의 가족들과 동지들이 있다. 그 대표적인 분들이 바로 박종철 열사의 부친과 이한열 열사의 모친이다. 각종 사회부조리와 부당한 권력에 맞서 민주사회를 위한 활동을 벌이다 최근 고인이 된 박정기 씨의 삶을 소재로 송기역 작가가 쓴 책『유월의 아버지』(2015)에서 그는 아들에게 이렇게 전했다: "어머니 아버지는 너를 길렀고 너는 어머

니, 아버지의 남은 인생살이를 개조한 큰일을 했다. 다음에도 이 아버지는 민주화운동을 할 거야. 역사에 없어도 나는 네가 하다 간 그것 할 거야!" 이렇게 세상을 바꾸고자 투신하고 헌신한 분들 덕분에 1980년 피와 통곡으로 얼룩지며 실패한 금남로와 2016년 탄핵으로 하나된 촛불혁명이 성공한 세종로 사이는 '역사의 진보'로 이어졌다.

박정희   현재 상명대학교 글로벌지역학부 독일어권지역학 전공 부교수이다. 중앙대 독어독학과와 동 대학원 졸업 후에 독일 베를린 훔볼트 대학교에서 「1960년대 동독의 여성문학」(Logos Verlag)으로 철학박사 학위를 받았다. 2003년 한신대 학술연구교수, 2006년 청주대 조교수를 거쳐 2012년부터 상명대에 재직 중이다. 독일문학(화), 젠더, 소수문화, 다문화, 동독문학에 관련된 연구를 수행하고 있다. 대표적인 논문으로 「사라진 제국. 남아있는 언어-동독의 여성문학에 대한 담론」, 「최근 독일어권 문학에서 '이주자문학'의 현황」, 「바나트 독일-루마니아 소수민족과 차우세스크 독재정권-헤르타 뮐러의 텍스트를 중심으로」, 「역사와 허구: 프리모 레비와 헤르타 뮐러의 수용소 텍스트에 나타난 두려움의 그림과 영혼의 풍경들」, 「극단의 세기 극단의 경험」, 「베를린에서 나서 아우슈비츠에서 지다」, 저서로는 『기호학으로 세상읽기』(공저. 2002), 『독일문학의 이해』(공저. 2003), 역서로는 『현대 문화학의 컨셉들』(공역. 2006), 『집단애국의 탄생: 히틀러』(공역. 2008) 등이 있다.

나의 80년대와 영화
〈택시운전사〉

조수진

유신의 마지막 즈음

MBC 방송국이 정동에 있었던 시절이었다. 내가 다니던 중학교는 정동에 있었고 학교에 가려면 언제나 방송국 앞을 지나쳐야했다. 그러던 어느 가을 날 담임선생님이 조회시간에 떨리는 목소리로 '대통령이 돌아가셨다.'고 우리에게 알려 주었고, 그 뒤로 방송국 앞에는 하루가 멀다 하고 탱크가 서 있었다.

그리고 다음 해 봄 쯤 방송국을 지키던 탱크가 매일 지나다니던 대학교의 정문에도 서 있었다. 큰 정문은 닫혀 있었고, 학교는 비어 있었다. 지금도 기억나는 건 내가 탄 버스와 반대방향으로 스크럼을 짠 대학생들이 거리를 뛰어가면서 전XX, 정XX 등 생전 처음 듣는 이름들을 호명하며 타도하자고 구호를 외치던 장면들이다.

수업이 끝나고 교실에 모여 수다를 떨다가 대학생 언니 오빠를 둔 친구들이 지금 우리나라에서 무슨 일이 일어나고 있는지 언니 오빠로부터 들은 이야기를 우리에게 전달해주기도 했었다. 그때 광주며, 계엄이며 하는 도무지 알 수 없는 단어들을 입으로 뱉어내는 친구들의 이야기 속에서 등골이 오싹한 공포를 느끼면서도, 대학생 언니 오빠를 둔다는 건 우리 같은 청소년들이 결코 알 수 없는 세계를 미리 아는 것이라고 생각하며 부러워했었던 기억이 난다.

내가 대학생이 된 후에도 대학은 하루도 조용할 날이 없었다.

대학생들은 매일 싸우고 있었다. 학교 정문 앞을 지나려면 매운 최루탄 가스 때문에 숨을 쉴 수가 없었고, 한마당과 학생회관은 시위하는 학생들로 언제나 점령되어 있었다. 상아탑이라 일컬어지던 대학 내에는 사복형사들이 활개를 치고 다녔고, 인문대였던 우리 단과대학은 주요 감시 대상이기도 했다.

하지만 나는 그런 세상사보다는 연극작업을 하고, 친구들과 수다 떨고, 오빠들 틈새에 앉아 재미난 이야기를 듣는 일이 더 좋았다. 우리 아지트와도 같았던 지하소극장이 더 좋았고, 대학생이라면 한번쯤은 해 봐야 한다던 미팅이 더 좋았다.

그러던 나에게 갑자기 시위하는 사람들에 대한 궁금증이 생긴 사건이 있었다. 그건 바로 우리 과 남학생들이 전방에 입소하는 날 수많은 학생들의 앞에서 전방입소반

대투쟁시위를 이끌어가던 한 사람, 총학생회장의 옆에 하얀 농민복을 입고 서 있던 자그마한 사람, 콧날이 오똑하고 눈이 동그래서 멀리서 봐도 잘생김이 묻어나던 사람, 무슨 투쟁연합의 위원장이라고 소개받은 사람, 결연해 보이던 표정과는 달리 멀리서도 떨림이 느껴지던 손끝을 하늘로 치켜 올리며 구호를 선창하던 사람, 그 사람 때문이었다.

나는 너무나 궁금했다. 저렇게 작고 여린 사람이, 저렇게 두려움에 떨면서, 무슨 이유로 이름도 무서운 투쟁연합 같은 것의 위원장이 된 것인지. 정말 단순하게 시작된 한 사람에 대한 궁금증이 시위하는 학생들 모두에 대한 궁금증으로 커질 때쯤 나는 광주의 진실과 만나게 되었다.

죽음을 넘어 시대의 어둠을 넘어

나는 소위 운동권 써클을 내 발로 찾아갔다. 연극영화과에서 운동권에 들어오겠다는 여학생이 왔으니 전 인문대 운동권이 술렁거렸었다고 했다. 그때 가장 먼저 소개받은 책이 황석영 선생님의 『죽음을 넘어, 시대의 어둠을 넘어』였다. 선배들은 이 책을 보면 우리가 무엇을 해야 하는지 조금은 알 수 있을 거라고 했다.

처음으로 사회과학서점이라는 곳에 가서 책을 손에 쥐었을 때 내 손끝도 시위를 주도하던 그 시위주동자의 손끝처럼 떨렸었던 기억이 난다. 그리고 그 책을 읽는 내내, 눈물을 흘리는 것도 값싼 행동처럼 느껴졌던, 지금껏 아무것도 모르고 살아왔던 나 자신에 대한 부끄러움으로 가슴 깊은 곳이 저릿저릿했던 기억도 있다.

광주는 그렇게 내 옆에 왔다.

빨갱이와 폭도들에 의해 점령당해 군인의 투입이 불가피했던 1980년 광주의 진실은 독일 ARD방송의 기자였던 위르겐 힌츠페터가 목숨을 걸고 지켜낸 필름을 통해 세계에 알려졌다.

전 세계가 알았지만, 우리만 몰랐던 진실. 수많은 민간인이 학살당하고, 수많은 젊은이들이 고문과 폭행 앞에 쓰러져갔지만, '빨갱이'라는 한 단어로 모든 광주시민들이 죽어 마땅한 사람 취급을 받았던 그 사건.

연합 집회와 같은 큰 시위현장에는 거의 매번 광주에서 올라오신 분들이 증언을 했었다. 그분들의 말씀은 언제나 조리가 없었고, 횡설수설했으며 감정에 북받쳐 소리를 지르거나 통곡을 하거나 하셨다.

당시 나는 그분들이 이성적으로 똘똘하게 자신들이 당한 것을 사람들에게 알려주지 못하는 것에 화를 내곤 했었다. 하지만 나의 그런 생각 자체가 얼마나 사치스런 생각이었던가.

광주시민들은 이유도 모른 채 무자비하고 광기어린 집단 살해 앞에 내던져졌었다. 학교에 들어가려고 항의하다가, 항의하던 학생을 공수부대로부터 구하려다가, 공수부대에게 맞다 피투성이가 된 사람들을 구하려다가, 폭력이 난무하는 집 앞 길거리에서 아직 돌아오지 않는 식구들을 불안한 마음으로 기다리다가 그렇게 광주시민들은 빨갱이가 되었고, 폭력 앞에 쓰러졌고, 죽어갔다.

증언하시던 분들이 조리가 없고 횡설수설했던 것이

아니라, 그 상황 자체가 이성적인 언어로 담아내려야 담아낼 수 없는 부조리한 상황이었던 것이다.

1980년 광주 이후 한국 현대사는 광주의 진실을 은폐하려는 자들의 광주의 진실을 알리려는 사람들에 대한 폭압의 역사였다고 해도 과언이 아니다.

광주 이후 수많은 학생들이, 사회운동가들이 빨갱이로 낙인찍혀 고문당하거나, 죽임을 당했고, 광주의 진실을 알리고 민주사회를 만들고자 또 수많은 학생들이 스스로 자신의 몸을 던지기도 했다. 지금 우리가 누리는 민주화의 불씨는 그분들의 피를 먹고 자란 것이다.

너희들은 혼자가 아니다

영화 〈택시운전사〉는 30년도 더 지난 1980년 광주를 현재의 시간 안으로 소환한다. 영화 〈택시운전사〉는 역사적 사실에 대한 철저한 고증과 사실주의적인 재현에 충실한 역사영화이다. 당시 독일 ARD방송의 힌츠페터 기자는 목숨을 걸고 광주에서의 대학살을 카메라에 담았고, 그의 카메라에 담겼던 학살의 현장은 영화 속 힌츠페터(토마스 크레취만 분)의 카메라를 통해 다시 한 번 재현된다.

그러나 이 영화가 가지는 보다 큰 가치는 아무런 이유도 알지 못한 채 학살당하고 유린당했지만 그 억울함과 비통함을 내놓고 말할 기회조차 얻지 못했던 광주시민들의 애끓는 심정을 노래하는 비가라는 점에 있다.

"우리가 시방 뭔 잘못을 혀 갔고 이라고 당하고 있는 거시 아니랑게요. 나도 모르겄어라. 우덜도 우덜한테 왜 그러는지."

이 말은 극중 대학생 재식(류준열 분)이 하는 말이다. 그의 이 말은 모든 광주 시민이 목이 터져라 울부짖었던 말일 것이다. 우리한테 이러는 이유가 뭐냐고. 알고나 당하자고. 우리가 왜 빨갱이냐고.

광주의 수많은 시민들은 힌츠페터 기자가 광주에서 빠져나갈 수 있도록 애를 썼다. 그 이유는 단 하나. 모든 통신을 끊고 모든 출입로를 차단하면서까지 은폐하고자 했던 광주에서의 시민학살을 세상에 알려달라는 열망이었다. 영화에서도 이러한 광주시민들의 절박한 마음을 곳곳에서 보여준다. 그리고 모두 한 마음으로 이야기한다. "약속해 주세요. 꼭 우리 뉴스를 내보내겠다고." 그리고 힌츠페터 기자는 거기에 대한 답으로 "너희들은 혼자가 아니다."라고 말한다.

그의 약속은 전 세계에 방영된 그의 기록영상으로, 비디오로 복사되어 각 대학마다 각 종교단체마다 상영됨으로써, 1987년 6·10 항쟁으로, 그리고 2016년 촛불혁명으로 지켜지고 확산되어 왔다. 그리고 이제 우리는 광주민주항쟁에 대한 이야기를 하면서도 눈치를 보거나 두려워하지 않아도 되는 시대에 살고 있다. 하지만 잊지 말아야 할 것이 있다. 지금 우리가 누리고 있는 민주화의 결실의 시작지점이 광주학살이었다는 것을.

영화 〈택시운전사〉는 우리에게 이러한 사실을 상기시킨다. 나치의 유대인 학살에 대한 기록영화인 알렝 레네 감독의 〈밤과 안개〉의 마지막 내레이션은 '한쪽 눈은 뜨고 있어야 한다.'이다. 홀로코스트와 같은 반인륜적인 사건들이 다시는 반복되지 않도록 언제나 정신을 똑바로 차리고 있어야 한다는 그런 의미로 해석된다.

영화 〈택시운전사〉도 마찬가지다. 나태해지려는 우리에게 〈택시운전사〉는 어떤 경우에도 한 쪽 눈은 뜨고 살아가야 한다고 말해준다.

2016 촛불혁명 이후

2학년 이후 나의 대학 시절은 반독재 투쟁과 민주화 투쟁으로 다 지나갔다. 후회되진 않지만 때때로 아무것도 모르고 그냥 살았더라면 어땠을까라는 생각은 든다.

힌츠페터를 두고 딸에게 가려다가 결국 가지 못하고 광주로 다시 돌아갔던 영화 속 김사복씨처럼 광주의 진실을 알고는 싸움을 멈출 수 없었으니까. 공안경찰들의 등살과 백골단의 무지막지한 곤봉이 너무나 두려웠지만, 두려움을 느끼는 것 자체가 죄스러워서 끊임없이 나를 꾸짖으며 살아야 했으니까. 그래서 나의 대학생활은 너무 치열했고 너무 힘들었으니까.

그런데 얼마 전부터 2016년 촛불집회 당시에 계엄을 계획하고 실행하려했던 문건이 발견되었다는 보도들이 나오기 시작했다. 촛불을 들고 거리에 나왔던 우리 시민들을 종북으로 규정하고 탄핵이 기각될 경우 일어날 소요 및 폭동을 진압하기 위해 위수령부터 일반계엄, 비상계엄까지 상세하게 계획안을 짜 놓았다는 것이다.

뒷골이 서늘해진다. 평화롭게 합법적으로 우리의 목소리를 내고 있던 그 자리에 80년 광주가 다시 한 번 재현됐었을 수도 있었던 것이다. 그러나 정말 다행스럽게도 그런 전근대적이고 반인륜적인 계획은 무산되었다.

세상은 변하고 있다. 여전히 유신과 군사독재 시절의 망령에서 빠져 나오지 못하고 있는 자들이 꿈꾸는 그런 세상은 이제 더 이상 구현되지 못할 것이다. 아니 못해야만 한다.

촛불혁명 이후 조금씩 변화되어 가는 우리네 삶의 분위기를 보며 다시는 80년대와 같은 불행한 시대가 반복되지 않기를 바란다. 그리고 〈택시운전사〉와 같은 영화가 다시 나오는 일이 없기를 바란다.

조수진 현재 한양대, 덕성여대에 출강 중이다. 한양대학교 연극영화학과를 졸업하고 독일 에어랑엔-뉘른베르크 대학교 영화학 석사 및 박사학위를 취득했다. 논문으로 「현대독일영화의 한 경향: 포스트모던 시대의 역사영화 – 오스카 륄러의 〈유대인 쥐스 – 양심 없는 영화〉(2010)를 중심으로」, 「현대 독일 사회 속 여성들의 삶을 바라보는 하나의 시선 – 경계에 선 여성: 페오 알라닥의 〈그녀가 떠날 때〉(2010)를 중심으로」, 「오스트리아 예술경영과 문화민주주의 – 빈 극장연합을 중심으로」, 「아우슈비츠와 기억: 우리는 역사와 어떻게 대면해야 하는가 – 영화 〈마지막에는 여행객들이 온다〉를 중심으로」, 공저 『문화민주주의: 독일어권 문화정책과 예술경영』 등이 있다.

그가 나를 부끄럽게 만들었다, 〈택시운전사〉

김영상

#1. 1979년 10월의 어느날. 교실에 들어온 담임 선생님의 얼굴은 흙빛이었다. 침통, 그 자체였다. 칠판 앞에 선 선생님은 출석부를 내려놓지도 못한 채 고개를 숙이고는 한동안 어깨를 들썩거렸다. 울음을 간신히 참는 것 같았다. 하지만 어느 순간 선생님의 감정이 폭발했다. 대성통곡을 하더니, 한마디 내던졌다. "여러분, 각하께서 서거

하셨습니다." 중학교 1학년인 나는 그게 무슨 말인지 몰랐다. 대부분 친구들도 영문을 모른 채 말똥말똥한 표정이었다. 선생님이 계속 우시니까 한 친구가 따라 울었던 것 같다. 하나 둘씩 울음에 가세하더니, 금세 모두에 전염됐다. 교실 안은 그렇게 울음바다가 됐다. 나 역시 큰 소리로 울었다. "뭔가 세상에 큰 일이 났고, 그래서 선생님이 슬퍼하는구나", 그렇게 생각했다. 교실 안은 그렇게 한참동안 울음소리가 그치지 않았다. 선생님을 대성통곡케 만든 게 10·26이었고, 그것 때문에 우리도 따라 울었음을 깨달은 것은 성인이 된 후였다.

#2. 1982년, 고등학교 1학년 때였다. 친구 녀석 중 하나가 광주 출신이었다. 조곤조곤 감칠맛 나게 얘기할 줄 아는 친구였다. 쉬는 시간이면 녀석의 주위엔 친구들이 몰렸다. 녀석의 단골 얘깃거리는 '광주'였다. 광주에서는 총소리가 끊이지 않았다, 많은 사람들이 죽었다, 군인들이 엄청 몰려왔다, 계엄령이 떨어졌는데 모두들 도망다녔다는 등 그런 얘기였다. 어쩌다 그 친구 주변에 있다가

그런 말을 들을 때면 뭘 묻고 싶은데, 무엇을 물어볼지 몰랐다. 왜 광주 얘기를 하는지, 그래서 광주가 어떻다는 것인지 도통 알 수가 없었다. 그냥 녀석이 침을 튀기며 얘기에 열중하니까 말을 자를 수 없어 알아듣는 척하면서 듣기만 했다. 1980년에 우리 역사에 큰 획을 그었던 대사건이 광주에서 있었다는 것, 녀석이 그 스토리를 수없이 교실 안에서 반복했다는 것 역시 훗날 알게 됐다.

영화 〈택시운전사〉(장훈 감독)는 1979년의 어느 중학교 교실, 1982년의 어느 고등학교 교실로 나를 안내했다.

〈택시운전사〉는 1980년 5·18민주화운동 당시 며칠 동안의 얘기지만, 박정희 전 대통령의 피격 사망과 박정희 독재정권의 붕괴, 그 연장선상인 전두환 정권의 등장과 반대 시위 등이 맞물린 시대적 상황이 기본 배경이다. 중학교 1학년인 1979년, 고등학교 1학년인 1982년의 내 청소년기에 있었던 일이다. 그러니 〈택시운전사〉를 보면서 내 어렸을 때 일화를 떠올린 것은 어찌보면 당연한 것이다.

결론적으로 말하면 장훈 감독은 날 부끄럽게 만들었다. 암울한 시대의 일개 청소년이었으니까 그 시대감각에 무지(無知)했고 당연히 아무것도 할 수 없었던 것은 어쩔 수 없었다고 해도, 훗날 성인이 돼서 '광주'의 의미를 어렴풋이 깨달았을 때도 '제3자'로만 살아왔던 내 삶에 대한 반성을 자아내게 했다. 영화의 목표점이 관객의 공감과 정서적 카타르시스, 자성과 교훈이라는 점을 감안하면, 감독은 최소한 내게선 그 목표를 달성했으니, 나로선 장훈 감독을 훌륭한 감독이라고 평가하지 않을 수 없다. 즉, 나를 비롯해 '광주'에 관한 한 무감각하게 대부분 방관한 채 살았던 많은 이들의 폐부 깊숙이 '자성의 울림'을 심어주는 게 영화의 지향점이었다면 충분히 성공했다는 뜻이다. 감독의 영민함이 매우 놀랍다. '방관자'를 대부분 '공감자'로 만들었으니 그렇게 후한 점수를 줘도 아깝지 않은 것이다.

바로 그렇다. 여기에 〈택시운전사〉의 포인트가 있다. 데스크톱 바탕화면에 기본 요소로 설정한 듯한 제3자의 시선을 자연스럽게 공감의 시선으로 바꾸는 영화 속의 과정, 그것이 이 영화의 매력인 것이다. 영화는 왜 '제3자'의 시각을 밑그림으로 삼아야 했을까. 그 이유를 예리하게 파고 들어가는 것은 〈택시운전사〉를 이해하는 전부라고 말할 수 있다.

> "그 언젠가 나를 위해 꽃다발을 전해주던 그 소녀 오늘따라
> 왜 이렇게 그 소녀가 보고 싶을까~"

그 유명한 조용필의 '단발머리' 가사. 영화 도입부에서 평범한 택시운전사 만섭(송강호 역)의 입을 통해 울려 퍼지는 그 노래는 경쾌하기만 하다. 초록색 택시를 몰며 노란 운전기사 복장을 한 만섭, 그는 오늘도 손님을 태우기 위해 한강다리를 질주한다. 그의 목적은 단 하나다. 보다 많은 손님을 태우고 돈을 벌어 밀린 월세도 내고, 하나밖에 없는 딸에게 좋은 아빠 노릇을 하는 것이다. 단지 그것을 위해 그는 서울시내 도로를 달린다.

만섭에게 학생들 데모 현장은 짜증, 그 자체다. 그에게 대학생들의 시위는 철없는 아이들의 만용일 뿐이다.

입에 풀칠하기 위해 매일 사력을 다하는 소시민 만섭에 겐 세상 물정 모르는 아이들의 투정으로밖에 보이지 않 는다. 학생들 시위 현장을 맞딱뜨린 만섭은 그래서 목에 핏대를 세운다.

"저 놈들 말야. 학생이 하라는 공부는 안하고 맨날 데모나 하 고, 하루이틀도 아니고…. 이거 나라가 어떻게 되는 거야?"

만섭은 특히 젊은날 사우디아라비아에 가서 죽도록 일한 자신의 경험상 데모하는 이들을 도대체 이해할 수 없다.

"저런 놈들 사우디 가서 죽도록 고생해야 우리나라 가 좋은 나라라고 정신을 차리지"라며 만섭이 툭하면 '사 우디'를 거론하는 것은 그래서다. 하루 벌어 하루 연명해 야 하는 그에게 정의나 분노는 사치다. 알고 싶지도 않 다.

라디오에서 흘러나오는 광주 계엄령에다가 야당 인 사 체포 소식, 대학 휴교령도 그에겐 관심 밖이다. "이러다가 손님 뚝뚝 끊기는 것 아냐"라며 오직 하루벌이에만 신경을 쓸 뿐이다.

그가 '광주'는 물론이고, 세상의 모든 부조리나 부패에 눈을 딱 감고 '제3자적 시각'을 고수할 수밖에 없는 이유가 바로 여기에 있다. 먹고 사는 것만이 절대적인 숙제다. 대부분 일상의 시민들처럼 말이다.

영화 도입부의 만섭의 데모에 대한 냉소적 시선은 영화적 장치다. 줄곧 제3자적 시각을 유지하다가, 광주에 가서 군인 총에 쓰러지는 광주시민을 목격한 후 충격과 분노를 느끼고는 '광주 편'에 서게 되는 일련의 과정을 매끄럽게 연결시키기 위한, 일종의 '복선'이다. 물론 영화적 장치가 훌륭했다고 하더라도 '무조건 믿고 보는' 배우 송강호의 완벽한 내면연기가 없었다면, 광주에 대해 철저히 방관자였던 주인공이 일순간 광주의 슬픔을 온몸에 껴안고 비겁자에서 용기있는 시민으로 변하는 뭉클한 명장면을 만들진 못했을 것이다. 그만큼 송강호의 연기는 빼어났다.

만섭과 피터의 만남은 영화 전개의 첫 단추다. 독일

언론사 ARD 기자인 피터는 일본 특파원이다. 일본에 이슈가 없자 뉴스를 찾아 한국에 온 그는 알고 지내는 한국인 기자(정진영)로부터 광주가 심상치 않다는 말을 듣고 광주로 갈 결심을 한다. 광주까지 손님을 데려다주고, 한밤중에 돌아오기만 하면 10만 원을 준다는 말에 만섭은 기꺼이 광주행 손님모시기를 택한다. 뭔가 광주에서 큰일이 벌어졌음을 직감한 기자, 밀린 월세를 낼 수 있는 거금인 10만 원에 오로지 꽂힌 택시기사의 만남은 그래서 처음엔 삐걱거린다. 콩글리시 영어의 만섭, 광주에 가야 하는 절박한 기자의 대화는 그래서 처음부터 코미디일 수밖에 없다. 10만 원 생각에 신나게 떠드는 만섭, 차창 밖을 응시하며 골똘히 생각에 몰두하는 기자. 전혀 어울릴 것 같지 않은 둘의 만남이 영화 중반부를 넘어가서는 '운명적인 케미'로 여겨지는 것 또한 영화의 또다른 즐거움이다.

광주 입성은 호락호락하지 않았다. 낡은 택시지만 광주로 한걸음에 달려간 만섭. 그러나 광주 초입에서 군인에게 가로막힌다. "광주는 폭도들 때문에 위험합니다"

라며 광주 진입을 막는 군인. 뭔가 예감은 좋지 않았지만, 그때까지만 해도 만섭은 광주에 구체적으로 무슨 일이 일어났는지 몰랐다. 만섭이 기지를 발휘해 우회 국도와 비탈길을 통해 광주에 간신히 들어간 것도 순전히 10만 원에 대한 욕심 때문이었다.

그러니 광주 시내로 처음 들어갔을 때 "독재타도"를 외치는 데모 현장도 그에겐 그다지 감흥의 대상이 아니다. 서울에서 본 데모현장의 또다른 모습이었기 때문이다. 스쳐지나가는 광주의 데모 참가자, 시위 현장에서 만난 광주 시민들도 그에겐 낯선 사람들일 뿐이다.

데모현장을 취재하고 촬영하려는 피터에게 빨리 일을 마치고 서울로 돌아가자고 종용하는 만섭, 좀 더 현장 사진을 확보해야 한다고 고집하는 기자 사이엔 이질감만 노출된다. 여기까지만 해도 만섭은 광주와 거리가 먼 이방인이다.

하지만 5·18민중항쟁 전야제가 열린 광주 금남로 현장을 맞닥뜨리면서 그의 시각은 바뀌게 된다. 피터의 취재를 돕기 위해 동행한 만섭은 시청이 한눈에 내려다보이는 한 건물 옥상에서 광주 시민들이 군인들의 총과 방망이 앞에서 쓰러지는 모습을 목격한다. 처참한 현실을 목도했을 때 꿈이런가 했다. 믿을 수 없었다. 그 역시 육군병장 출신이지만, 군인이 민간인들을 향해 총을 쏘는 모습은 경악, 그 자체였다. 광주 시민들이 계엄군의 총에 쓰러져갈 때 그제서야 느껴지는 게 있다. 광주에서 폭도들이 일어나 반란을 일으켰다는 서울의 방송보도가 거짓이었다는 것, 광주에서 인간 존엄성을 파괴하는 뭔가 엄청난 일이 벌어지고 있고 그로 인해 시민들이 죽어가고 있다는 것, 진실이 뭔지는 모르겠지만 세상에서 일어나지 않아야 할 일이 일어나고 있다는 것…. 만섭이 광주에 대한 방관자 시각을 버리고, 서서히 광주의 아픔에 동화되는 첫번째 장면이다.

그렇다고 해도 만섭은 완전한 광주 사람은 아니었다. 광주에서 목격한 일은 경악스러웠고 천인공노할 일이었지만, 서울에 홀로 있을 딸을 걱정하는 아버지일 뿐이었다. 비겁해도 할 수 없다. 그가 할 수 있는 일은 아무것도 없었다.

피터를 혼자 남겨두고 광주를 도망치듯 빠져나오는 길, 부끄러움을 숨길 순 없지만 딸을 생각하면 그럴 수밖에 없다고 자위하는 만섭. 그러다 우연히 들른 국수집에서 허겁지겁 국수를 먹자 "배고프셨나보네. 이것도 좀 드셔"라며 주먹밥을 건네주는 주인. 그 주인의 모습에서 광주 시위현장에서 주먹밥을 나눠주던 한 여성과 거리에 나섰던 수많은 광주시민을 떠올리게 되고, 음식을 목구멍으로 넘길 수 없을 만큼의 헤어날 수 없는 슬픔과 분노를 느끼게 된다. 피터는 물론 광주에서 만난 많은 사람들을 도저히 배신할 수 없음을 깨닫게 된 만섭. 그가 딸에게 전화로 "아빠가 손님을 두고 왔어"라며 울먹이며, 결국 핸들을 돌려 다시 광주로 돌아가는 이 장면은 영화의 클라이맥스다. 만섭이 마침내 광주에 관한 한 방관자를 탈출하고 '당사자'가 되는 이 순간, 관객의 가슴은 정체를 알 수 없는 슬픔에 휩싸이며 일순간 먹먹함으로 한없이 적셔지는 것이다.

영화가 후반부로 들어가면서 다소 뻔한 스토리로 진행된 것은 아쉬운 대목이다. 이기적인 소시민을 벗어나

불의에 맞서 싸우는 시민이 되기까지의 만섭의 심리상태 변화를 디테일하게 표현하는 데 감독이 집중적으로 에너지를 쓰다 보니 그랬을지도 모르겠지만, 영화 뒤쪽 스토리는 진부했다.

뒷부분 추격신이 그랬다. 광주의 실상을 화면에 담는 데 성공한 피터를 태우고 광주를 빠져나오려 할 때 보안사 요원들이 SUV 차량으로 맹추격 하는 순간, 갑자기 태술 일행의 광주 택시기사들이 포니택시를 앞세워 보안사 차량을 막아내는 장면의 설정은 매우 억지스러웠다. 영화 초반, 중반까지의 리얼리티를 갉아먹었다고 할까. 그만큼 갑자기 등장한 차량 액션신은 어설펐다. 영화는 시종일관 잔잔한 감동을 줬는데, 막판에 굳이 일부 등장인물의 '영웅화'에 할애할 필요가 있었는지는 의문이다. 일반 시민도 누구나 목숨을 거는 영웅이 될 수 있다는 것, 이런 임팩트를 노린 감독의 지나친 욕심은 아니었을까.

사실 감독의 의중엔 영웅화는 처음부터 없었다. 감독은 영웅이 아닌 만섭이라는 평범한 시민을 내세웠고,

광주를 무력하게 바라볼 수밖에 없는 그의 눈을 통해 오히려 광주의 아픔을 절실히 관객에 전달하는 데 성공했다.

장훈 감독이 훗날 한 인터뷰를 통해 "영화 〈택시운전사〉의 주인공인 만섭이가 주인공으로서 할 수 있는 것은 그 상황을 쳐다보는 것 아닐까 싶었다. 도망쳤던 사람이 더 이상 도망치지 않고, 총맞는 시민들을 보면서 시선을 돌리지 않은 채 끝까지 금남로를 바라보며 눈물을 흘리는 것. 그것이 영웅 아닌 주인공의 도달점이라 생각했다."고 했다. 이런 그가 거의 마지막 장면에서 소시민들의 영웅적 행동을 끄집어낸 것은 일관성 측면에서 설득력은 떨어진다.

암튼 만섭의 도움으로 피터는 공항에 도착했고, 한국을 빠져나감으로써 광주에서 찍은 영상을 통해 전세계로 광주의 실상을 알리는 데 성공했다. 만섭과 피터는 다시는 만나지 못했지만, 그들이 죽을 때까지 간직할 수 있는 '광주의 교감'을 가슴에 품고 있으니 섭섭할 것은 없다. 이렇게 영화는 끝난다.

〈택시운전사〉가 주는 교훈은 무엇보다 '광주'는 현재진행형이라는 점에 있을 것이다. 감독은 '광주'의 아픔은 여전히 사라지지 않고 있으며, 치유되지 않은 상처로 남았음을 은연중에 강조한다.

물론 감독이 여전히 풀리지 않은 진상규명과 책임자 처벌을 영화를 통해 직접 요구한 것은 아니다. 영화는 영화일 뿐, 그건 감독 영역의 밖의 일이다. 영화를 통해 많은 것을 깨달은 관객의 힘이 현재진행형인 광주에 어떤 영향력을 줄 지의 문제와는 별개인 것이다.

〈택시운전사〉가 개봉된 2017년은 우리 역사상 변혁기 중 하나였다. 최순실 국정농단 의혹에 따른 박근혜 전 대통령의 파면, 촛불시위와 문재인 정부의 탄생 등 파란만장한 대형 이슈들이 점철된 한해였다. 국정농단 의혹에 대한 민심의 거대한 분노, 새로운 시대를 원하는 촛불시위의 간절한 염원 등과 맞물려 〈택시운전사〉가 주는 여운이 민초들에게 가볍지 않게 다가선 것은 그런 시대적 배경과 무관치 않을 것이다.

〈택시운전사〉는 문화이론가 레이몬드 윌리엄즈(Raymond Williams)를 떠올리게 한다. 그는 한 세대 혹은 한 시대 특유의 느낌을 만들어내는 사회적 경험과 관계의 특질을 '감정구조(structure of feeling)'라고 했다.

1980년 광주에서는 분명히 이같은 감정구조가 작동했다. 독재타도를 외친 광주시민들은 분노와 정의감을 동시에 공유했고, 목숨을 다해 정권의 부정함에 항거했다. 광주시민은 피를 토하며 자유를 외쳤고, 온몸으로 맞서며 민주주의를 갈망했다. 광주시민들 만의 감정구조가 아니면 달리 설명할 길이 없는 연대감이다.

아직도 권력에 취해 사람들을 인간 이하로 취급하는 온갖 갑질이 팽배한 세상에 살고 있는 우리에게 광주는 묻고 있다. "당신은 부정한 것에 분노할 줄 아는가, 그 분노를 표출할 줄 아는가, 비정의에 맞서 목숨을 걸고 대항해본 적 있는가." 이렇게 말이다.

그런 점에서 광주 앞에서 난 여전히 부끄럽다. 1979년의 어느 날, 1982년의 어느 날에 느꼈던 그 무력감을 지금도 떨쳐버리지 못하고 솔직히 광주 앞에선 여전히 방관자로 살고 있다. 〈택시운전사〉는 집요하게 내게 질문한다. "당신은 왜 광주에 관한 한 제3자를 못 벗어나고 있나요?" 솔직히 뭐라고 답을 해야 할지 모르겠다.

나는 기자다. 기자는 진실을 추구하며, 있는 사실을 그대로 전달하는 사명을 지녔다. 부정한 것에 맞서며 부당한 권력을 폭로하며 견제하는 것, 그게 저널리스트의 역할이다. 그런데 광주 앞에서 저널리즘은 없었다. 선배 기자들 시절의 얘기지만, 같은 기자로서 광주를 떠올리면 알 수 없는 민망함으로 얼굴이 붉어지는 것이다.

그랬다. 광주에서의 경악스러운 일, 언론은 그것에 대해 대부분 철저히 침묵했다. 이는 언론 역사가 입증한다. 전두환 정권이 각 언론사 발행인을 불러 계엄확대 조치의 배경과 그 불가피성을 설명하고 협조를 요청하자, 모두들 입을 다물었다. 심지어 일부 언론은 침묵을 벗어나 오히려 신군부의 편에 서서 왜곡과 편향 보도에 앞장서기도 했다. '땡전뉴스' 시대에 서슬 퍼런 독재정권 눈치를 볼 수밖에 없었겠지만, 그렇다고 그 시절 기자들의 기자정신 위배에 면책을 부여할 수는 없을 것이다.

사실 저널리스트의 사명감 실종은 5·18에만 해당하

는 것은 아니었다. 한국 현대사의 비극 중 하나인 노근리 학살사건이 대표적이다. 우리의 아픔인 노근리 사건은 철저히 묻혀져 있다가 외국언론인 AP통신에 의해 조명되고 세계적인 이슈로 등장하자, 그제서야 한국 언론이 벌떼처럼 달라붙는 하이에나 습성을 보였다. 이렇게 언론은 늘 비겁자였다.

그나마 '박종철 고문치사 사건'과 관련한 일부 언론의 특종과 잇따른 탐사보도는 민주화 기점이 됐던 1987년 6월항쟁을 촉발했다는 점에서 한국 언론의 체면을 세워주기는 했다.

하지만 개인적으로 나는 1987년에도 어렸고, 나약했다. 당시 시위현장을 목격한 나는 그때의 심경을 적어놨고, 최근 시집을 내며 그때의 느낌을 '1987년 1'이란 제목을 통해 이렇게 썼다. 서글픈 자기 고백이자 성찰이다.

성난 사냥꾼에 쫓기는 토끼처럼
이리저리 흩어지는 자들의 고통스런 함성

거리거리를 타도하는 전경들

최루탄에 눈을 오히려 부릅뜨고

산발된 시위

스크럼을 다시 짜고

밀고 당기는

너도나도의 눈물들

독재타도

민주화 노래를 목 터지게 부르는 슬픈 거리

꽉막힌 좌석버스에 앉아

헝겊 입마개

빨간 머리띠 두르고

목젖 터지게 외치는

내 또래 젊은이

충혈된 눈자위가 내게로 박혀와

종로 길바닥

오도가도 못하는 버스에서 내려

힐끔 힐끔

용감한 혈기

용감한 투쟁

구경 인파에 밀려

텅빈 미도파를 향해 걸어갔지

아,

부끄럽게도

사복경찰에 걸릴까봐

와이셔츠 윗 호주머니

공기업 신분증을

내내 떠올렸어

-김영상 시집 '내가 사랑하는 것들은 왜 빨리 사라질까' 중에서

　　암튼 1987년 6월 항쟁을 거쳐 문민정부가 출범했고, 민주주의는 계속 발전했다. 현재 우리는 인터넷에서 한층 진화된 소셜네트워크(SNS)를 도구로 한 소통의 시대에 살고 있다. 과학기술의 발달로 세상의 모든 것이 오픈

돼 있다고 한다. 하지만 소통의 세상 답게 온갖 부당한 권력과 부정과 비정의가 근절됐는지는 의문이다. 사회 일각 어디선가에선 5·18 광주보다는 규모가 덜 하겠지만, 인간 존엄성의 억압이 자행되고 있을지 모를 일이다.

〈택시운전사〉가 주는 교훈은 5·18을 기억하고, 현재 진행형으로 혹시라도 있을 수많은 인권 유린의 현장을 경계하는 일일 것이다. 메마른 세상의 촉촉한 단비로, 〈택시운전사〉가 가치있는 이유가 여기에 있다.

여담 하나. 러시아월드컵이 한창이던 2018년 6월, 울리 슈틸리케 전 대한민국 축구 대표팀 감독은 "한국에서는 사람들이 원하는 대로 되지 않을 때 유죄 판결을 받는 희생양이 반드시 나와야 한다. 그 문화가 고정돼 있다."고 했다. 성과가 나오지 않으면 비난의 화살을 특정 인물에 집중해서 몰아부치는 한국 사회의 단면을 꼬집은 말이다. 즉, 마녀사냥식 희생양을 솎아내는 데 한국인이 기막힌 재주를 가졌다는 말이다.

대표팀 사령탑에 앉았다가 결국 토사구팽 당했다고

억울해 하는 슈틸리케의 한국에 대한 악담이긴 하지만, 한 귀로 흘려버리기엔 그 행간이 간단치는 않다.

그의 말은 반은 맞고, 반은 틀렸다. 축구 하나 제대로 못했다고 청와대 국민청원 게시판을 통해 일개 선수(장현수)의 처벌을 요구하는 일부 몰지각한 이들의 행태를 보면 희생양을 통해 분노를 표출하려는 문화가 우리 사회에 분명히 존재하는 게 사실이다.

하지만 5·18민주화운동을 적용하자면 슈틸리케의 말은 공감할 수 없다. 좋은 뜻이든, 나쁜 뜻이든, 희생양을 고르는 데 우리 사회가 남다른 능력이 있었다면 5·18민주화운동의 진상규명과 관련자 처벌이 아직까지도 미진한 것은 어떻게 해석할 수 있을까. 이런 점에서 아마 슈틸리케가 "한국인은 분노하지 말아야 할 것엔 (희생양을 통해) 분노하고, 정작 분노할 것에는 (희생양을 통해) 분노하지 않는다"라고 했다면 많은 이들의 공감을 얻었을지 모를 일이다.

과거에 묻혀진 1979년, 1982년을 떠나보낸 뒤 40년 가까이 지난 지금, 어느 날 만난 택시운전사가 내게 소리

친다. "당신이 분노라는 것을 제대로 알긴 알아?"

김영상 현재 『헤럴드경제』 소비자경제섹션 에디터로 재직 중이다. 청주대 신문방송학과, 고려대 언론대학원 석사과정 중이다. 저서로 『한국의 아웃라이어들』(2013), 『반상위의 전쟁』(2016), 『대한민국 미식보감』(2017), 『내가 사랑하는 것들은 왜 빨리 사라질까』(2018 · 시집) 등이 있다. 『헤럴드경제』 사회부장. 삼성 · 전경련 등 출입 재계팀장. 이명박, 박근혜 후보 마크맨 및 국회반장을 역임했으며 청와대 출입기자. 2006년 독일월드컵 현장 취재 기자로 활동했다.

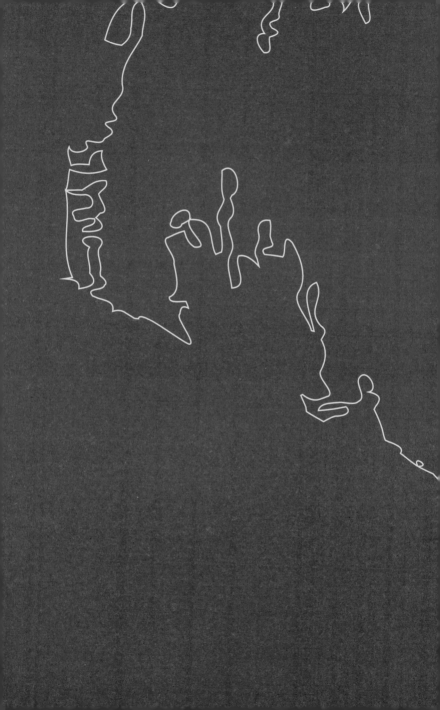

2부
사실과 허구 사이에서

영화 〈택시운전사〉는 역사적으로 존재했던 인물과 사건,

그리고 그들 사이에서 벌어졌을법한 허구를 무리 없이 섞어 내 놓은

맛깔난 한상 밥처럼 실화영화의 장점을 잘 담아낸 모범적인 작품이다.

사실과 허구가 혼재된 실화영화를
관람하는 즐거움 또는 흥미로움

정지욱

"이게 진짜로 있었던 일이야?"

"응, 그럼. 진짜였지."

"그런데, 이렇게 군인들이 사람들을 죽이는데, 대통령이 왜 가만있었어?"

2007년 6월 용산 CGV에서 열린 영화 〈화려한 휴가〉의 기자시사회에 따라왔던 딸이 저녁식사자리에서 두 눈을 크게 뜨고 던진 질문이다. 함께 자리했던 영화 관계자들의 기막혀 하는 표정을 이해할 수 없다며 '영화 속 이야기가 얼마나 사실이냐'고 재차 묻던 기억. 그렇게 십 년이 지나고 이제 서른을 넘긴 딸은 더 이상 이런 질문을 하지 않는다. 어쩌면 십 년쯤 더 지나 자신의 아이가 생긴다면 자신이 했던 것과 같은 질문을 받을지도 모른다.

비극적 사실이나 역사를 소재로 한 작품을 이야기하며 '즐거움', '흥미'라는 말을 언급한다는 것이 적잖이 죄송하다. 하지만 모든 문화는 그것을 감상하며 웃고, 울고, 분노하고, 감동하며 향수하는 것이 본질일지니, 이 작품이 우리에게 주는 그 여러 가지 감정을 '즐거움'이나 '흥미'로 이야기해도 죄송스럽거나 미안해하지 않아도 될 것이라 생각하며 이 글을 쓴다.

실제 일어난 사실을 소재로 한 실화영화를 보는 즐거움 중의 하나는 내가 알고 있는 사실을 영화를 보며 한 가지씩 페어 맞춰보는 일이다. 소재로 한 인물이나 사건에 대해 스크린에 펼쳐지는 이야기를 지켜보며 퍼즐을 맞추는 일은 꽤 흥미롭고 진지하다.

　다른 한 가지는 내가 미처 알지 못한 이야기를 영화를 통해 알게 되는 놀라움이 선사하는 즐거움이다. 이것은 실제 일어난 일 자체를 모르는 사람에겐 큰 충격을 안겨주기도 하지만, 요즘 들어선 '영화를 통한 역사·사회교육'의 의미를 가지며 '무비저널리즘'으로의 역할을 톡톡히 해내고 있다.

　실제 있었던 인물이나 사실만큼 드라마틱한 것은 없다. 소설을 비롯한 모든 이야기들이 허구로 만들어지지만 그것은 실제 일어났던 일이나 인물을 바탕으로 꾸며지는 것이며, 이야기나 소설에 채 담아내지 못한 무궁무진한 이야기들이 생략되어 있다. 세상 그 무엇보다 진지하고 재미있고 흥미로운 이야기는 사람들의 이야기며 그 사람들이 살아가는 세상에서 일어난 이야기들이다.

1980년 5월, 광주를 취재하러 가는 외신기자를 안내하는 사람은 택시기사 '김만섭'이다. 송강호가 연기한 그의 실제 이름은 '김사복'이고 오랫동안 알게 모르게 사람들에게 회자됐다. 그러나 그에 대한 공식적인 기록이 없는 탓에 영화가 개봉된 뒤 사람들의 궁금증은 더욱 커졌다. 그리고 많은 관객들과 언론들은 영화 속에 그려진 모습과 실제 인물이 얼마나 흡사했을까를 상상하며 그에 관한 많은 이야기들을 만들어 낸다.

하지만 얼마 후 트위터에 그의 아들이라는 사람이 등장했고, 조심스러운 검증을 거쳐 사실임이 확인됐다. 베일에 싸여 있던 '택시운전사'의 실제 모습이 드러났다. 당시 일반적인 택시가 아닌 호텔에 소속된 특수택시였고, '사복'도 자신의 이름을 숨기기 위한 가명이 아닌 실명이었다. 함께 광주에 갔던 외신기자가 생전에 그렇게 찾고 싶어 했던 인물 김사복. 두 사람 모두 사망한 뒤 영화로 세상에 소개되고, 그제서야 그를 찾게 되어 적잖은 아쉬움을 남긴다.

한국에서 벌어지고 있는 심상찮은 상황을 듣고 기자신분을 감춘 채 한국을 찾아온 독일 공영방송 아시아 특파원 위르겐 힌츠페터. 그가 담아낸 영상은 1980년 5월 광주의 실상을 세계에 알렸고, 그 후 몇 년 뒤 나도 광화문 한 귀퉁이의 논장서적에서 비디오와 사진집을 통해 현실에 눈뜰 수 있었다.

　목숨을 걸고 광주의 현장을 담아내던 그의 모습이 삼십칠 년만에 그 일이 벌어졌던 역사의 현장에서 스크린에 펼쳐졌다. 영화에서 '피터' 역을 맡은 배우 토마스 크레취만이 쓴 선글라스는 힌츠페터의 부인이 전해준 것으로 실제 힌츠페터가 광주에서 썼던 것이라 한다. 1980년 광주의 모습을 지켜봤던 선글라스에 현재의 광주는 과연 어떻게 비춰졌을까? 선글라스에게도 생명이 있었더라면 깊은 한숨을 토해냈으리라.

주유소에서 기사들에게 기름을 공짜로 주며 항쟁, 그리고 그의 취재를 응원했던 사실이나 피터가 출국하며 광주에서 촬영한 필름을 과자 상자 안에 숨겨 나갔던 일, 특히 영화 후반부에서 광주를 탈출하던 만섭과 피터의 차량을 검문하고도 그냥 보내준 군인에 대한 일은 힌츠페터의 증언에서 나온 실제 이야기다. 그는 취재한 내용을 반드시 세상에 알리겠다는 광주시민들과의 약속을 지키기 위해 목숨을 걸고 노력했다.

그때를 아십니까?

이 작품의 백미 중 하나는 1980년의 모습을 그대로 스크린에 옮겨왔다는 것이다. 등장인물만큼 중요한 캐스팅은 이들이 타고 다닌 자동차다. 1973년 식으로 (개봉 당시) 마흔다섯 살이 된 '브리사'와 1976년식 '포니'가 이들이다. 주인공 만섭의 일터이며 생활공간이고, 극중 만섭과 피터의 메인 공간인 '브리사'를 당시 모습 그대로 스크린에 재현해냈다.

또한 당시의 풍취가 느껴지는 장소를 찾아 다섯 달동안 전국 곳곳을 헌팅해 장성의 폐 고속도로, 숲 속의 샛길을 찾아냈다. 만섭이 피터를 태우는 기회를 갖게 되는 기사식당은 부산의 '칠백장식당'이란 곳으로 영화가 개봉된 뒤 '송강호가 앉았던 자리'라며 많은 사람들이 찾아와 돼지불백을 먹는다고 한다. 많은 관객들의 뇌리에 남아 있는 검문장면이 촬영된 곳은 경북 상주의 산골이었다.

1980년대, 당시를 살았던 관객들에게 이질감을 주지 않고 새로운 세대의 젊은 관객들에게 영화적으로 어색함이 없도록 노력했던 미술팀에게 금남로만큼은 어쩔 수 없었다고 한다. 결국 오픈 셋트를 짓기로 하고 광주의 한 공터에 실제 금남로와 같은 크기로 재현해 광장으로서의 스케일과 주변 건물의 디테일을 살려냈다.

영화가 시작하며 나오던 첫 곡은 경쾌하기 그지없는 조용필의 '단발머리'다. 노래에 맞춰 핸들을 두드리며 사직터널을 빠져 나오는 만섭의 택시에 펼쳐지는 서울의 풍광과 어울리는 감성어린 노래다. 샌드 페블즈의 '나 어떡해', 혜은이의 '제3한강교' 등 누구나 운전하며 무심히 따라 부르고, 평범한 사람들의 일상 속에 등장할만한 그러면서도 영화가 지닌 묵직한 메시지에 조금도 흠이 되지 않는 히트곡들을 등장시킨 것 또한 당시의 모습을 그대로 재현한 백미 중의 하나일 것이다.

사실과 허구 사이, 영화적 재미는 배가되고

영화가 개봉된 후 알려진 사실이지만 실제 김사복은 호텔 택시를 운영했다고 한다. 자동차도 녹색 '브리사'가 아니었고 그에겐 딸이 있는 것도 아니었다. 하지만 친구 집에 세 들어 살고, 낡은 택시가 전 재산이며 홀로 딸을 키우는 모습의 만섭은 우리 일상의 평범한 아버지 모습으로 관객에게 다가왔다.

광주에서 만나는 사람들도 마찬가지다. 한 가정의

가장이며 아빠인 소시민 '황태술(유해진 분)', 평소 운동권이 아니었으며 대학가요제에 출전하기 위해 대학에 진학한 평범한 청년 '구재식(류준열 분)' 등 물론 허구적으로 창조된 등장인물일지라도 당시를 살았던 역사 속에 존재했을법한 일상의 평범한 사람들이다. 그리고 그들을 통해서 '양심과 상식, 인간의 기본적인 도리에 충실하며 사람은 무엇으로 사는가?'라는 화두를 관객들에게 던져 준다.

극 중 등장하는 카체이싱 장면에 대해서는 여러 의견이 엇갈렸다. 갑자기 영화를 '스파이물이나 첩보 액션물로 만드는 것 아니냐'는 질책에서 '시원하게 그리고 눈물짓게 만드는 장면 이었다'며 관객들의 의견이 엇갈렸다. 사실 있을 수 없는 설정이었지만 '모니터 시사에서 가장 반응이 좋았던 장면'이라는 투자배급사 관계자의 언급에 '일반관객들을 위한 팬서비스' 정도로 수긍했지만, 사실 손에 땀을 쥐게 하는 카체이싱은 흥미로운 장면이었다. 특히 황태술을 비롯한 광주시내 택시기사들의 활약은 관객들을 감동시키기에 안성맞춤이었다.

약속은 바다를 건너 세월을 넘어

지난 4월 21일 일본에서도 이 영화가 개봉됐다. 제목은 『タクシー運転手~約束は海を越えて~』로 '약속은 바다를 건너'라는 부제가 덧붙으며, 피터가 지켜준 진실 보도에 대한 '약속'에 방점을 찍어 소개됐다. 평론가와 기자들은 물론 일반 관객들의 호평이 이어졌고, 개봉 첫 주 입석도 마다않고 극장을 찾는 이들로 가득했다고 한다. 일본 내 공식 홈페이지(http://klockworx-asia.com/taxi-driver/)에 따르면 상영관이 점차 늘고 있으며, 오는 10월 6일부터 12일까지 큐슈 가고시마 상영 스케줄이 잡혀 있는 등 장기상영이 이뤄지고 있다.

일본의 최대 영화 정보 사이트인 '피아영화생활(http://cinema.pia.co.jp/)'에 의하면 4월 20일과 21일에 개봉된 일곱 작품 중 공개 첫날 만족도 랭킹 1위를 기록했다. 또한 개봉 후 두 달이 지난 6월 17일 현재 전국 23개 상영관에서 상영중이며 '상영 중 입소문 만족도 랭킹'에서 9위를 차지하고 있다. 칸국제영화제에서 최고상을 수상한

고레에다 히로카즈 감독의 〈어느 가족(万引き家族)〉이 14위라는 것을 감안해보면 꽤 뜨거운 반응이다. 이 사이트에 의하면 영화를 보고 난 관객들은 걸음을 멈추고 차분히 소감을 얘기하는 모습이 눈이 띄었고, '지금의 일본 상황과 당시 한국이 이어진다. 지금 꼭 봐야 할 영화라고 생각한다', '진지한 내용임에도 불구하고 웃음과 눈물이 섞인 엔터테인먼트로서 잘 되어 있어 사건을 모르는 세대는 물론 많은 사람들이 봤으면 좋겠다'와 같은 관객의 평가들이 올라와 있다.

지난 5월 전주국제영화제에서 만난 일본의 평론가와 영화관계자들 모두가 칭찬일색이라 괜히 나 자신이 우쭐해지는 것을 어쩔 수 없었다. 한국에서 개봉한 지 일년이 지난 지금 이웃나라에서 이 작품이 흥행하며 많은 관객들에게 호평 받는 것이 기쁘기도 하지만 한국 현대사의 아직껏 아물지 못한 상처와 아픔이 느껴져 묘한 기분이 든다. 특히 내 아내는 일본인으로 한국에 오기 전해인 1984년 토쿄의 어느 상영회에서 '5·18광주민주화운동'의 영상을 봤다고 한다. 내용도 정확히 모른 채 귀중

한 영상이라며 지인이 권해서 본 영상은 무시무시하고 충격적이었고, 혹시 다큐멘터리가 아니라 꾸며진 극영화가 아닐까 몇 번이고 의심했었지만 그 영상을 누가 어떻게 촬영했고, 그것을 어떻게 해서 도쿄에서 볼 수 있었는지 오랫동안 수수께끼였다고 했다. 그리고 33년의 세월이 흘러 영화 〈택시운전사〉를 보기 시작하자마자 이게 그때 본 영상의 시작이었다고 확신했다며 내게 놀라움을 전하기도 했다.

영화계에만 영향이 미친 것이 아니었다. 일본의 국영방송 NHK에서는 지난 6월 12일 「그 때 시민은 군과 투쟁했다 – 한국의 새벽 광주사건(アナザーストーリーズ その時´市民は軍と闘った~韓国の夜明け 光州事件)」이라는 특집방송을 편성해 방영했다. 방송은 우연히 지나가다 사건에 말려든 평범한 젊은이, 군인으로서 진압군에 가담했던 젊은이, 민주화에 목숨 바친 아들 이한열 씨의 어머니 등 세 사람의 시점을 중심으로 실제 현장에서 있던 여덟 명의 증언으로 전개된다. 그리고 내용은 단순히 5·18 민주항쟁에 머무르지 않고 1987년 이한열의 희생

과 6·29 민주화선언, 2017년 촛불혁명에 이르기까지 한국의 민중들이 민주화를 이룩해가는 과정이 자세하게 담겨 있다. 영화 〈택시운전사〉를 계기로 많은 일본인들이 한국의 민주화과정에서 생긴 아픔에 공감하며 이것을 배우는 기회가 됐다고 얼마 전 일본을 다녀온 아내는 흥분하며 내게 이야길 들려줬다.

이 작품은 '무비저널리즘'이라는 영화가 가진 진중한 역할처럼 사회적으로 전하는 강력한 메시지를 담고 있으면서 또한 상업적 흥행 요소인 '영화적 재미'를 잃지 않은 탁월한 작품이라 하겠다. 영화 〈택시운전사〉는 역사적으로 존재했던 인물과 사건, 그리고 그들 사이에서 벌어졌을법한 허구를 무리 없이 섞어 내 놓은 맛깔난 한상 밥처럼 실화영화의 장점을 잘 담아낸 모범적인 작품이다.

정지욱　영화평론가로 일본 Re:WORKS 서울사무소 편집장. 서경대학교 한일문화예술연구소 연구원, 가톨릭어린이영화제 〈날개〉의 수석프로그래머를 맡고 있다. 일본유바리국제판타스틱영화제 오프시어터부문에서 본심 심사위원, 동아일보 신춘문예 영화평론부문 예본심 심사위원을 역임했다. 국내언론으로는 동아일보, 한겨레신문, 매일경제신문, 영남일보 등에 영화평과 칼럼을 연재했고 한국일보, 조선일보, 중앙일보, KBS, SBS, OBS, YTN, JTBC, 채널A, News Y 등에서 저널활동을 하고 있다.

광주로 돌아간
〈택시운전사〉와 우리들

김무규

역사의 이미지

필자는 〈택시운전사〉를 보고 생각난 글귀가 있었다. 최성만 선생님이 번역하고 인용했던 발터 벤야민(Walter Benjamin)의 그 글을 여기서 다시 인용하겠다. 독일인 기자를 소재로 한 영화를 위해 독일 사상가의 글을 읽어보는 것도 나쁘지 않을 것이다.

과거에 지나간 것이 현재에 빛을 비추거나, 현재가 과거에
빛을 비추는 것이 아니라 상(像)이라는 것은 그속에서 이미 흘
러간 어떤 것이 지금과 만나 섬광처럼 성좌(Konstellation)를
이루는 무엇이다. 달리 말해 상이란 정지상태의 변증법이다.
왜냐하면 현재가 과거에 대해 갖는 관계는 순전히 시간적인 관
계인데 반해 과거가 지금에 대해 갖는 관계는 변증법적 관계이
기 때문이다. 즉 후자의 관계는 시간적인 성격이 아니라 이미
지적 성격의 관계이다.[1]

벤야민의 글은 이해하기 어렵지만 역사란 과거가 그
대로 여과 없이 우리의 현재에 도달하는 것이 아니라고
말하는 것 같다. 그리고 지금의 내가 아무리 과거를 정확
히 기억한다고 하더라도 빛을 비추는 것처럼 완전히 복

[1] Walter Benjamin (1991), Das Passgen-Werk, Gesammelte Schriften, Band V/1, Frank-
furt/M: Suhrkamp, p.578. 최성만 (2010),「벤야민에서 '정지 상태의 변증법'」,『현대사
상』7, 175-190면, 178면, 재인용.

원되는 것은 아니라고 하는 것 같다. 오히려 역사는 과거와 현재가 만나서 복잡하게 얽히는 것이기 때문에 그래서 벤야민은 그것이 "시간적"이지 않고 "이미지(image)적"이라고 했나? 사실 우리는 과거를 여과 없이 볼 수 없고 항상 과거를 바라보는 현재 우리 자신의 관점에서 보게 된다. 과거든 현재든 그것을 생각하는 우리 스스로를 거치지 않고 지나갈 수는 없기 때문이다. 그렇다면 과거와 현재는 뒤섞여 있으며 결과적으로 그 섞여 있는 형상이 그림 같다고 할 수도 있겠다.

영화는 소설과 무엇이 다르냐고 물으면 영화에는 이미지가 있다는 점을 가장 먼저 떠올릴 수 있을 텐데, 여기서 말하는 이미지가 벤야민이 말한 그 이미지인가? 필자는 잘 모르겠지만 그 착상이 영화 〈택시운전사〉를 이해하는 데에 도움이 된다고 생각한다. 다음부터 그것에 대해 살펴보도록 하겠다.

현실과 다른 <택시운전사>

생활고에 시달리는 어느 택시운전사는 밀린 집세를 마련하기 위해 그리고 그의 어린 딸을 위해 어느 외국인을 태우고 광주로 장거리 운행을 한다. 그가 처한 사정 때문에 그는 사회문제에 관심을 둘 겨를이 없으며 가끔 터지는 최루탄 가스가 그의 돈벌이를 방해한다고 생각한다. 광주에 도착한 택시운전사는 비로소 사태가 심상치 않음을 알게 되는데, 그래서 광주에 그 독일인 기자를 내려주고 돈을 챙겨서 혼자 돌아오려고 한다. 그러나 한두 차례 광주에서 심각한 사건을 경험한 그는 결국 딸이 홀로 기다리고 있음에도 불구하고 차를 돌려 광주로 되돌아간다. 그곳에서 택시운전사는 독일인 기자를 도와 끔찍한 사건들이 전세계에 보도되는 데 결정적인 공헌을 하게 되며 심지어 위험에 처한 사람들을 구하기도 한다. 그리고 임무를 완수한 두 사람은 천신만고 끝에 서울로 돌아갈 수 있었고 택시운전사와 힌츠페터 기자는 공항에서 아쉬운 작별을 하게 된다. 그 작별이 두 사람에게는 결국 마지막 순간이었다. 필름을 갖고 한국을 떠난 힌츠페터는 광주의 진실을 알릴 수 있었지만 보고 싶은 택시운전사를 두 번 다시는 만나지 못하였다.

〈택시운전사〉는 실화를 소재로 한 영화이지만 어느 정도 현실과 차이점이 있다. 예를 들어 당시 택시운전사는 독일인 기자가 광주의 현장을 촬영한다는 사실을 미리 알고 있었으며 또한 그를 공항에서 만났다고 한다. 그리고 택시운전사가 사실은 두 번이나 광주에 그 기자를 데리고 갔다고 한다. 영화가 상영된 작년에 택시운전사 김사복 씨의 아들이 많은 사실을 알려주었다고 한다. 그는 영화에서처럼 가난한 택시운전사가 아니라 인권운동에 관심이 많았던 외국인 전담 호텔기사였으며 그래서 당시 광주의 상황과 그 의미를 잘 이해하고 있었다고 한다. 그렇다면 현실에서 그가 힌츠페터 기자와 함께 한 광주에서의 활약은 단지 우연은 아니었을 것이다. 그리고 그는 영화에서처럼 노란색 택시운전사 제복을 입지도 않았으며 그의 자동차는 연두색 택시가 아니라 검은색이었다고 한다. 김사복 씨의 아들이 그 사실을 제보하기 전에 영화가 제작되었기 때문에 영화는 실제 사실과 다를 수도 있을 것이다. 하지만 필자는 '우연한 광주행'과 '노란색', '연두색' 등이 꾸며낸 것임에도 불구하고 오히려 매우 중요한 의미가 담겨 있다고 생각한다. 또 그 의미를 통해 영화를 보다 깊이 이해할 수 있다고 생각한다.

영화는 왜 현실과 다른가?

역사를 소재로 한 영화가 그 당시 발생하였던 사건을 복제하듯 똑같이 재현하기란 불가능에 가깝다. 그래서 약간이라도 연출은 필요한데 관객의 입장에서 우리는 그러한 변형이나 연출이 왜곡이나 조작으로 생각되지 않고 오히려 이야기를 극적으로 만들고 또 역사적 사건의 맥락에 부합될 수 있다고 생각한다. 왜 그럴까? 여기에는 아마 세 가지 정도 이유가 있는데, 필자는 두 가지 이유를 먼저 생각해보고 그 다음에 마지막 세 번째 이유에 집중하여 〈택시운전사〉를 읽어보고자 한다.

첫째, 만약에 두 남자의 이야기를 사실과 똑같이 있는 그대로 영화에 담아두고자 했으면, 그것이 다큐멘터리라고 하더라도 그렇게 재미있지는 않았을 것이다. 그래서 흥미를 위해서는 연출이 필요하다. 다시 말해서 영화는 간혹 역사를 더욱 극적으로 만들기 위해 변형을 하게 된다. 역사도 이러한 영화의 변형에 대해 기분나빠하지 않을 터인데, 미미한 변화가 오히려 역사적 의미를 살릴 수 있기도 하거니와 또한 영화를 극적으로 만들어서 많은 이들에게 감동을 줄 수도 있기 때문이다. 감동이 크면 재미도 있지만 역사가 주는 교훈도 더 커질 것이다. 그리고 그것을 카타르시스라고도 하고 연민이나 혹은 동정의 효과라고 할 수 있다. 아주 오래전에 연극에 대해 연구한 사람들은 감동이 크면 그것이 교훈과 학습에 도움이 된다고 했었는데 그것이 틀린 주장은 아닌 것 같다. 그래서 조금 바꾸어서 큰 효과를 얻어낼 수 있다면 그것을 나쁘다고 할 사람은 없을 것이다.

둘째, 흥미롭게 혹은 극적으로 만들려는 목적과 관계없다고 하더라도 변형은 필요하다. 예를 들어 독일인 기자인 힌츠페터가 촬영한 참혹한 장면들을 그대로 보는 것도 중요하겠지만 당시 광주가 지니는 역사적 의미를 총체적으로 이해하는 것이 목적이라면 그 장면들을 조금 다르게 구성할 필요도 있을 것이다. 예를 들어 모든 사건들을 시간순서대로 나열하는 것보다 의미가 있다고 생각되는 사건들을 골라내고 또 의미 없는 것을 삭제하면 더 좋을 것이다. 그것을 위해 역사에 정통한 사람이 구성이나 선별과 같은 일들을 미리 해준다면 관객은 의미있고 가치로운 것들만 골라서 볼 수 있을 것이다. 사건뿐만 아니라 인물에 대해서도 구성이 필요하다. 즉 어떠한 인물을 있는 그대로 묘사하기보다 그 인물을 어떠한 집단이나 계층을 대표하는 전형적 인물로 표현한다면 그것도 좋을 것이다. 왜냐하면 보다 많은 이들이 관련된 역사의 문제에 대해 파악하기 용이하기 때문이다. 다시 말해서 영화를 통해 한두 사람만을 이해하는 것이 아니라 사회 전체를 이해할 수 있기 때문이다. 그렇게 적절히 변형을 한다면 하나의 작은 사건을 통해 그리고 어느 한 인물을 통해 역사를 보다 넓게 보게 될 것이다.

〈택시운전사〉는 어떠한가? 예를 들어 사건이 지난 수십 년 후 나이든 택시운전사의 모습은 추측에 의해 연출된 것임에 분명하다. 그런데 신문을 통해 독일친구의 소식을 접하고 혼잣말로 이야기하는 김사복의 장면은 감동적이며 이야기 전체에 흥미를 더한다. 사실 영화에서 혼잣말은 거의 모두 연출이다. 현실에서 우리가 또렷한 혼잣말을 자주 하지 않기 때문이다. 그리고 실제로는 힌츠페터가 한국에서 언론상을 수상하기 오래전에 그는 이미 고인이 되었다고 한다.

또한 영화에서 택시운전사는 힌츠페터를 혼자두고 돈만 챙겨서 상경하려고 했지만 중간에 마음을 바꾸었다. '광주로 돌아간' 택시운전사는 영화 전체를 생각할 때 매우 중요한 의미를 지닌다. 사회문제에 무관심했던 한 인물의 성격이 변화하는 지점이기 때문이다. 이후 그의 활약으로 광주의 진실이 알려지게 되었다. 그러나 현실에서 김사복 씨는 이미 광주의 상황에 대해 알고 있었던 만큼 영화에서와 같은 일은 벌어지지 않을 것이다. 그러나 실제와 다르게 표현된 그 인물의 변화가 더 큰 의미를 지닐 수 있다. 왜냐하면 영화 〈택시운전사〉는 김사복이라는 어느 개인을 묘사한 것이 아니라 진실을 깨달은 여러 사람들의 전형이 표현된 것이기 때문이다. 이렇게 영화는 보다 큰 의미를 위해 인물을 사실과 다르게 표현할 수도 있다.

역사가 아니라 역사의 인식을 표현한 영화

이제 영화가 사실과 다르게 표현할 수 있는 세 번째 이유에 대해 살펴보겠다. 그 이유는 영화를 보는 우리 자신과 관계되어 있다. 즉 영화는 발생되었던 역사적 사실을 보여주는 것이 아니라 그 역사적 사실을 인식하고 그것에 대해 기억하는 우리 자신을 보여준다고 생각하는 관점을 말한다. 그것을 성찰성(reflexion)의 관점이라고 한다. 영화가 영화를 보는 우리 스스로를 보여준다거나 역사영화가 역사를 생각하는 사람들을 다루었다고 생각하는 것은 어찌보면 당연하다. 왜냐하면 앞에서 인용한 벤야민의 말대로 아무리 먼 과거의 일을 회상한다고 하더라도 그 것이 회상하는 우리 자신을 비켜갈 수 없기 때문이다. 또 아무리 중대한 역사적 사건이 재현된다고 하더라도 그것 은 반드시 '영화'화 되어야 하기 때문이다. 그리고 회상 되는 과거에는 회상하는 현재의 흔적이 남아 있으며 영 화에도 '영화'의 흔적이 남아 있기 마련이다. 그 뒤섞임 때문에 영화는 현실과 똑같을 수 없으며 또 그 때문에 영 화는 현실을 조금 뒤틀어서 표현한다. 그렇게 지나쳐갈 수 없고, 비켜갈 수 없는 과거는 그 과거를 기억하려는 현재의 우리와 뒤섞여서 아주 복잡한 이미지를 만들어낸 다.

〈택시운전사〉에서도 관객들은 광주를 보는 것이 아 니라 관객 스스로를 혹은 우리 스스로를 보는 것일까? 또 그것이 〈택시운전사〉와 현실이 다른 이유일까? 단순 히 택시를 운전했던 사람이 주인공이기에 당시 역사적 사건을 다룬 영화의 제목이 〈택시운전사〉인가? 한마디 로 말해서 택시운전사는 광주에 관한 영화를 보는 우리 관객 자신들이다. 주인공과 배우를 먼저 생각해보자. 힌츠페터를 연기한 토마스 크레취만(Thomas Kretschmann)은 여러 할리우드 영화에 출연한 바 있지만 특히 〈피아니스트〉(The Pianist, 2002)에서 피아니스트의 생명을 구해준 냉철한 독일장교로 우리의 기억에 남아 있다. 이미지에서 풍기는 분위기처럼 그는 여러 액션이나 스릴러 영화에 출연한 바 있으며 특히 역사 영화에서 강인하면서도 차분한 인물의 배역을 주로 맡고 있다. 그는 〈택시운전사〉의 안에서나 밖에서나 역사 그 자체이다. 한편 김사복을 연기한 송강호는 현대 한국영화의 대표적인 배우 가운데 한 사람이다. 〈넘버3〉(1997)에서부터 알려지기 시작된 그의 연기는 다양한 인물의 모습을 보여주고 있지만 항상 현실적이며 실제 인물처럼 친근한 느낌을 준다. 송강호를 영화에서 만나면 항상 유쾌하며 즐거운 마음이 들지만 또 한편으로 삶에 지친 우리 스스로의 모습인 듯하여 측은한 마음도 든다. 그래서 송강호가 연기한 김사복은 바로 현재의 우리 자신인 듯하다.

그런데 처음부터 두 인물의 우연한 만남은 어색하게 느껴진다. 그들의 소통은 원활하게 이루어지지 않으며 그들의 성격 또한 매우 대조적이다. 마치 현재와 과거, 동양과 서양, 밝음과 어두움, 희극과 비극의 불가능한 공존이 이루어지는 듯하다. 두 인물은 영화의 영상 안에서 존재하기에 시각적으로 함께 있을 뿐이며 그들 사이에 케미가 있어보이지는 않는다. 그리고 침울하면서도 냉정한 힌츠페터는 현장의 진지함과 참혹함에 잘 어울렸지만 오히려 영화의 전반부에서 가벼운 성격과 속물성으로 말미암아 김사복은 광주에서 낯선 이방인처럼 느껴진다. 영화가 절정을 지나고 김사복은 심경의 커다란 변화를 겪은 이후 비로소 상황에 적응을 하게 된다. 그리고 두 주인공이 서로를 이해하고 융화된 것도 잠시뿐이었고 곧 그들은 다시 만날 수 없는 관계가 되었다. 서로 잘 맞지 않는 크레츠만과 송강호, 힌츠페터와 김사복 두 인물의 공존, 그리고 융화된 이후의 이별, 이 모든 상황은 바로 벤야민이 말한 과거와 현재의 섬광과도 같은 뒤섞임을 말한다.

두 인물의 만남으로 인해 만들어진 영화의 시각적인 영상들을 보아도 이질적인 것이 섞여 있다는 느낌을 받는다. 힌츠페터는 처음 등장에서부터 그를 둘러싼 흐릿한 색감과 냉소적인 태도, 그리고 절제된 연기와 대사를 통해 마치 꿈이나 혹은 기억 속에 있을 법한 희미하고 모호한 존재로 나타난다. 그는 멀리 독일에서 왔지만 또한 과거로부터 현재로 왔다. 반면에 송강호가 연기한 김사복은 그의 말이나 행동에서 매우 평범한 사람으로 느껴지며 역사에 별 관심이 없는 소시민인 듯하다. 김사복의 연두색 택시와 노란색 제복은 그와 힌츠페터 사이의 차이를 명확하게 표시한다. 그는 또렷이 기억나는 색을 띠고 있으며 옆집 아저씨 같은 현재의 인물인데 그가 갑자기 택시를 타고 역사의 현장인 광주의 과거로 간다.

　　김사복은 택시를 타고 광주로 가서 현장을 목격하지만, 사실 그는 힌츠페터가 촬영한 영화 혹은 광주 민주화운동에 관한 영화를 보고 진실을 이해하는 우리 자신일 수도 있다. 실존인물인 김사복은 이미 사태를 파악했기에 광주여행 도중에 마음이 바뀌거나 하지는 않았을 것이지만 눈으로 직접 현장을 목격한 〈택시운전사〉의 김사복은 핸들을 틀어 광주로 돌아갔다. 거짓'말'을 듣고 광주의 사건에 대해 곡해했던 사람들도 관객이 되어 광주를 촬영한 '영상'을 보면 그처럼 마음이 바뀌었을 것이 분명하다. 다시 말해서 김사복은 독일인 기자를 데려간 택시운전사이기도 하지만 광주에 대해 눈을 감고 귀를 막았던 영화의 관객, 우리 자신이기도 하다. 그 인물이 갑작스럽게 과거의 광주로 여행을 떠나 그 참혹한 현실을 체험하고 나서야 비로소 광주의 의미를 깨닫게 된 것이다. 달리 표현하자면, 관객 스스로는 꿈같은 영화 속에서 택시운전사로 전이(displacement)되어 나타났다고 할 수 있다. 그리고 김사복과 영화의 관객은 연두색 택시를 운전하는 노란색의 인물로 응축(condensation)되어 있다. 따라서 〈택시운전사〉의 주인공은 독일인 기자나 택시운전사가 아니라 그때 광주로 돌아가지 않았던, 영화를 보고 이제 비로소 깨달은 관객 우리 자신이다.

사실 독일기자와 택시기사의 만남은 1980년 국도극장 앞에서 처음 시작되었다. 광주에서 촬영작업을 끝마치고 나중에 다시 한국에 돌아온 힌츠페터는 국도극장 근처에서 만난 이 기자로부터 김사복을 찾지 않는 것이

좋겠다는 말을 듣게 된다. 이 두 장면에서 관객은 국도극장 앞의 모습을 담은 두 롱쇼트(long shot)를 보게 된다. 두 영상을 필자는 매우 인상 깊게 보았는데 영화를 자세히 본 관객들은 그 장면을 기억하실 것이다. 사실 롱쇼트(long shot)는 영화에서 주로 스펙터클한 장면을 보여줄 때 혹은 공간적 배경을 암시하는 설정(establishing) 쇼트로 사용되지만, 여기에서는 그 이상의 의미를 지니고 있다. 즉 틀서사(frame narrative) 혹은 액자식 구성의 그 틀, 다시 말해서 마치 괄호와 같은 역할을 한다. 국도극장의 액자 안에는 영화가 있고 또 그 안에 광주의 현장이 있다. 택시운전사가 체험했던 꿈 같았던 광주에서의 일들은 마치 우리가 국도극장에서 보았던 그 역사에 대한 한 편의 영화인 듯하다. 그 두 쇼트는 그 역사 영화의 시작과 끝을 알려준다. 힌츠페터와 김사복이 처음 만나는 첫 번째 국도극장 쇼트에서는 노란색 제복의 택시운전사가 또렷하게 보인다. 그러나 두 번째 국도극장 쇼트로부터는 택시운전사는 나타나지 않는다. 힌츠페터에게 이 기자가 말한 대로 영화 관람을 마치고 떠난 택시운전사를

"아무리 찾아봐도 그런 이름의 택시운전사는 없다."

역사를 다룬 영화는 간혹 소송을 당하는 경우가 있기는
하지만 그럼에도 불구하고 현실을 있는 그대로를 복사하
듯 각색을 하지 않으며 또 그렇게 할 수도 없다. 그러한
변형을 하는 이유는 여러 가지가 있으며 제각기 나름대
로 의미가 있다. 더 재미있게 하기 위해서 혹은 더욱 사
실(주의)적으로 영화를 만들기 위해서 그럴 수 있다. 그러
나 그 당시 광주에 대해 잘못 알고 있었으며 그 뜻을 잘
몰랐던 사람들에게, 그리고 그때의 일을 망각하려는 그
들이 자신 스스로를 돌이켜볼 수 있도록 영화를 꾸밀 수
도 있을 것이다. 〈택시운전사〉는 관객들이 영화관에 앉
아서 노란색 옷을 입고 연두색 차를 타고 다시 한 번 그
때의 광주로 돌아가는 모습을 형상화한다. 그리고 그 형
상화를 위해 현실의 김사복 씨와는 다른 택시운전사가

연출되었다. 그 결과 어울리지 않는 두 인물, 현재의 인물인 김사복과 과거의 인물 힌츠페터가 서로 뒤섞이게 되었다. 그 때문에 그들의 이야기는 국도극장 앞에서 시작되고 또 끝이 난다. 벤야민은 이미지의 "그 속에서 이미 흘러간 어떤 것이 지금과 만나 섬광처럼 성좌(Konstel-lation)를" 만들어 낸다고 하였다. 〈택시운전사〉는 '과거의 광주에 있었던 독일인 힌츠페터'와 그 '광주를 회상하며 영화를 보는 현재의 한국인 우리'의 불가능한 만남을 통해 성찰의 시간여행을 가능하도록 해주었다.

김무규 부경대학교 신문방송학과 교수로 재직중이며 2012년에 저서 『서사적 영상에서 성찰적 형상으로』를 그리고 2017년에 『뉴미디어 영화론』을 출판하였다.

〈택시운전사〉와 〈군함도〉[1]
– 역사 왜곡과 흥행의 상관관계

김형래

〈택시운전사〉와 〈군함도〉는 2017년 여름을 뜨겁게 달군
영화다. 나는 우연히 캐나다 토론토에서 두 영화를 보게

---

[1] 두 영화는 지난 해 비슷한 시기(〈군함도〉는 2017년 7월 26일, 〈택시운전사〉는 2017년 8월 2일)에 개봉되면서 역사 왜곡 논란을 불러일으킨 영화들이다. 두 영화 모두 흥행에 성공했지만 최종 승자는 〈택시운전사〉가 되었다. 〈군함도〉가 659만 명의 관객을 모은 반면, 〈택시운전사〉는 1200만 명 이상 관람했다.

되는 생소한 경험을 하게 되었다. 외국의 멀티플렉스 영화관에서 개봉되는 한국 영화를 보는 것은 국내에서 한국 영화를 보는 것과는 좀 색다른 경험이다. 캐나다 사람들은 한국 영화를 볼까, 그들은 어떻게 반응할까, 얼마나 많은 관객이 올까, 한국 관객이 많을까, 외국 관객이 많을까 등 여러 호기심을 가지고 영화를 보게 된다.

두 영화의 개봉 시기가 달랐고 각각의 영화를 본 시간대가 달랐다는 것을 감안하더라도 두 영화에 대한 관객들의 반응과 관객 수는 너무나 차이가 컸다. 〈택시운전사〉 관객은 만원이었지만(물론 한국인이 많았다) 〈군함도〉의 경우 나를 제외하고 흑인 관객들 몇몇이 전부였다. 더구나 어떤 이유인지는 몰라도 그들마저도 중간에 나가버리고 그 넓은 공간에 나 혼자 남았다. 〈군함도〉를 폄훼하려고 이 이야기를 하는 것이 아니다. 그것은 그저 내가 실제로 경험한 사실일 뿐이다. 그렇다면 그 차이는 무엇 때문일까? 그것은 단지 역사 왜곡 논란 때문인 것인가? 아니면 다른 이유가 있는 것인가?

역사를 소재로 한 영화가 나올 때마다 반복되는 것이 역사 왜곡 문제다. 역사 왜곡을 판가름하는 기준은 크게 역사 재현과 역사 인식의 문제와 관련이 있다. 먼저 역사 재현의 관점에서 보면 〈택시운전사〉에서는 특히 마지막 택시 추격 장면이 역사적 사실과 부합하지 않고, 단지 영화적 흥미를 위해 추가된 장면이라는 비판이 있다. 〈군함도〉에서도 역시 마지막 집단 탈출 시퀀스는 허구적인 것이며, 독립군 OSS 소속 박무영(송중기)의 등장과 독립운동가 윤학철(이경영)의 구출 계획 등 역시 허구적이다. 하지만 전체적으로 〈군함도〉가 〈택시운전사〉보다 역사 재현에 있어서 훨씬 허구적인 요소를 많이 포함하고 있는 것으로 평가된다. 그렇게 보는 이유는 특히 두 영화의 마지막 결론 때문일 것이다. 〈택시운전사〉에서 만섭과 힌츠페터가 영화에서처럼 실제로 우여곡절 끝에 광주를 빠져나올 수 있었다는 것은 역사적 사실에 부합한다. 반면 〈군함도〉에서 징용공들이 집단으로 그 섬을 탈출한다는 설정은 그렇지 않다. 요컨대 두 영화 모두 역사 재현에서 허구적인 요소를 가미했지만, 〈택시운전사〉가 재현 과정에서는 허구적 요소를 사용했더라도 결과에 있어서는 역사적 사실에 충실했고, 〈군함도〉는 과정과 결과 모두 역사적 사실과 다르게 재현했다는 점에 차이가 있다. 이에 대해 『매거진M』과의 인터뷰에서 류승완 감독은 당시 징용공들의 강렬한 열망, 즉 군함도에서 탈출하고자 하는 열망을 승화시켜 표현한 것이라고 말한 바 있다.[2] 그렇다면 감독의 의도를 이해 못할 이유는 없다. 〈군함도〉가 다큐가 아니라 극영화라는 점을 감안하면 충분히 있을 수 있는 일이다. 더구나 최근에는 다큐 영화조차도 허구성을 피할 수 없지 않은가.

그런 의미에서 〈택시운전사〉 역시 결과적으로 〈군함도〉 못지않게 수많은 허구적 요소를 포함하고 있다. 나

---

[2] "하지만 난 '군함도'의 결말에서 영화 내내 억눌렸던 조선인들의 감정을 폭발시키고 싶었다. 일종의 영화적 쾌감을 통해 말이다. 억울함과 고통 속에서 죽어갔던 역사 속의 조선인들을, 영화를 통해 탈출시키고 싶었다."(http://news.joins.com/article/21809431, 2017.08.02.)

중에 밝혀진 사실이지만, 예컨대 택시 기사 만섭은 실제로 영업용 택시를 운전한 것이 아니라 호텔 소속 승용차를 운전한 기사였으며, 택시도 초록색 브리사 택시가 아니라 검정색 승용차였다. 또 만섭이 힌츠페터를 광주로 태우고 간 경위는 돈을 벌기 위해 다른 택시운전사의 일을 가로챈 것이 아니라 애초부터 자기가 위탁받은 것이거나 자발적으로 한 일이었을 가능성이 크다. 그리고 광주로 들어가는 과정과 탈출하는 과정 역시 순전히 작가의 상상력에서 나온 것일 가능성이 크다. 힌츠페터가 감독과의 인터뷰에서 이에 대해 구체적으로 말하지 않았기 때문에 정확한 사실은 알 수 없는 일이다. 또 영화 제작 당시 만섭의 실제 인물인 김사복 씨를 찾을 수 없어서 그 부분에 대한 구체적인 사실을 확인할 수 없었을 것이다. 게다가 영화 속 택시 기사 만섭의 실제 이름이 김사복이라는 사실도 흥미롭다. 영화에서 허구라고 추정했던 이름이 실제 인물의 이름이었던 것이다. 이렇게 볼 때 〈택시운전사〉 역시 역사적 사실에 부합하지 않는 허구로 가득한 영화라고 할 수 있다. 결과적으로 정도의 차이는 있

지만 두 영화 모두 역사 재현의 관점에서 볼 때 역사적
사실에 충실한 영화라고 할 수 없다.

역사 인식의 차이

〈택시운전사〉도 허구이고 〈군함도〉도 허구이며, 심지어
극영화와 다큐도 허구이며 그 경계가 분명하지 않다고
한다면, 이들 영화의 역사 왜곡을 논하는 것이 의미가 있
을까? 그렇다면 역사 왜곡의 문제를 논할 때 중요한 것
은 재현이 아니라 역사 인식의 문제가 아닐까? 〈택시운
전사〉에서 이러한 역사 인식의 문제는 관점 혹은 시점의
문제와 밀접한 관련이 있어 보인다. 〈택시운전사〉가 처
음에 비판을 받았던 지점도 그것이 내부자의 관점이 아
니라 외부자의 관점을 취했다는 점이다. 택시 기사 만섭
의 시점은 외부자의 시점이기 때문에 광주 민주화 항쟁
을 재조명해야 하는 이 시기에 적절하지 않으며 외부자
의 시선은 내부자의 고통을 제대로 담아낼 수 없다는 것

이다. 따라서 〈택시운전사〉는 역사 인식에서 후퇴한 영화라는 것이 비판의 요지다. 〈꽃잎〉이 광주의 총성 속에서 죽어가는 엄마를 뿌리치고 살아 남았으나 정신 이상이 된 소녀(이정현)를 다루고 〈화려한 휴가〉가 광주의 택시 기사 민우(김상경)의 이야기를 다룬다면 〈26년〉은 광주의 기억을 가진 광주민주화운동 2세들이 광주 학살의 주범을 처단한다는 이야기를 다룬다. 이 영화들은 모두 내부자의 시점 안에서 그려진다. 그런 관점에서 보면 외부자의 시선으로 그린 〈택시운전사〉는 후퇴한 면이 있을지 모른다. 물론 우리는 〈택시운전사〉에서 광주 항쟁 주역들의 활약상과 피해자들의 고통을 제대로 확인할 수 없다. 더구나 이와 같은 역사적 사실을 제대로 모르는 사람이라면 영화 속 이야기의 맥락을 파악하기조차 어려울 수 있다. 그 결과 외국의 평론가들은 이 영화를 영화적으로만 판단한다. 즉 영화 전반부의 진행이 느리다거나 치밀하지 못하다고 비판하기도 한다. 그러나 그렇다고 해서 〈택시운전사〉가 과연 앞선 영화들보다 역사 인식에서 후퇴한 것이라고 할 수 있을지는 논란의 여지가 있다.

〈택시운전사〉가 택시 기사 만섭의 시점을 취한 것은 오히려 신의 한수였을지 모른다. 아내를 잃고 어린 딸을 홀로 키우는 만섭은 월세조차 낼 돈이 없는 평범한 소시민의 삶을 살고 있다. 그러다가 우연히 세 달치 월세에 해당하는 십만 원을 벌기 위해 독일인 기자 힌츠페터를 태우고 광주로 간다. 그의 목적은 처음엔 단순히 십만 원을 벌기 위한 것이었지만 광주의 참상을 마주한 그는 점차 심리적 변화를 겪게 된다. 영화가 공을 들인 지점은 거기에 있다. 영화는 그가 조금씩 변화하는 모습을 단계적으로 보여주고 있다. 만섭은 외부자인 대다수의 우리들과 다르지 않게 그 참상을 외면하고 도망치고 싶어 한다. 우리는 그의 그런 모습에 동질감을 느끼며 그와 쉽게 동화되고 동일시된다. 그가 변하는 모습은 곧 우리의 자화상이거나 우리의 이상적 자아이다. 어쩌면 1200만의 관객 중 대다수가 만섭과 다르지 않은 심정을 가지고 있을 것이다. 그것이 곧 외부자의 시선이라는 비판을 받지만 37년이 지난 지금 외부자의 시선은 어쩌면 불가피한 것인지 모른다. 그리고 그렇기 때문에 우리는 더 그 영화에 열광했는지 모른다.

〈택시운전사〉보다 더 심각하게 논란의 중심에 있었던 것은 〈군함도〉이다. 이 영화는 '국뽕(국가+히로뽕)'과 '친일'이라는 이중적이고 상반된 비판을 동시에 받았다. 그것은 역사 인식의 문제였다. 영화는 감독의 의지와는 상관없이 그런 비판의 여지를 제공한 것처럼 보인다. 예컨대 마지막 탈출 장면은 애국심을 대놓고 자극하는 연출로 간주될 수 있다. 특히 욱일기를 절단하는 장면은 그러한 애국심의 강조를 상징적으로 보여주는 연출이라고 할 수 있다. 그런 의미에서 국뽕이라는 주장은 일견 타당하다. 물론 그것은 극히 일부만을 확대해석한 결과일 수 있다. 그런데 아이러니하게도 영화는 동시에 친일이라는 오명을 쓰고 비판을 받았다. 감독이 불평하듯이 어떻게 한 영화를 두고 동시에 국뽕과 친일이라고 말할 수 있을까. 친일 논란은 배우들의 언론 인터뷰와 홍보 영상에서 기인하고 있다. 『한국경제』와의 인터뷰에서 오말년 역의 배우 이정현은 일본을 무조건 나쁘다고 말할 수 없다. 좋은 관계를 가졌으면 좋겠다, 라는 취지의 말을 하고,[3] 다른 배우들도 홍보영상에서 당시 친일 앞잡이에 대한 비판을 일본의 만행보다 더 강조하는 취지의 발언을 한다. 그리고 영화에서도 일제의 만행을 전제하고 있기는 하지만 징용공 내의 친일파와 조선인들의 갈등이 더 강조되는 경향이 있다. 감독 스스로도 아직도 청산되지 않은 친일파의 문제를 드러내려는 의도가 있었다고 주장한다. 따라서 친일파의 문제를 강조하다 보니 상대적으로 일제의 만행이 축소되어 묘사되는 경향이 있으며, 이것이 식민사관의 영향이라는 주장이 설득력을 얻게 되는 근거가 된 것이다.

더구나 〈군함도〉에서 시점의 분산은 문제의 소지가 있다. 악단 단장 이강옥(황정민), 깡패 두목 최칠성(소지섭), 독립군 OSS 대원 박무영 등의 각각의 시점은 관객의 몰입과 동일시 효과를 방해하기 때문이다. 영화는 특히

---

[3] http://stock.hankyung.com/news/app/newsview.php?aid=201707266899H(2017.07.27)

박무영의 등장 이전과 이후로 나누어진다. 그의 등장이 영화의 질을 바꾸어 놓는다. 관객은 그 전까지 이강옥의 시점을 따라가며 관객의 눈높이에서 그리고 현실의 토대 위에서 인물들이 처한 상황에 몰입한다. 그러나 영웅 박무영의 등장은 영화를 비현실적인 공간으로 옮겨놓는다. 이때부터 관객은 누구와 동일시해야 할지 알지 못한다. 영화에 따라서 이러한 효과가 무조건 나쁜 것은 아니다. 그러나 〈군함도〉에서 그것이 역효과를 가져왔다는 것은 분명하다.

역사 왜곡과 흥행에는 상관관계가 있다? 없다?

우리는 역사 영화에서 기대하는 것이 있다. 우리가 몰랐던 역사적 사실에 대해 간접적으로 체험하고자 하는 욕구와 기대가 그것이다. 혹은 적어도 영화를 통해 역사적 진실에 좀 더 근접해 가고자 하는 기대가 있다. 그렇게 볼 때 〈택시운전사〉는 훨씬 유리한 위치에 있다. 관객은 광주민주화운동에 대하여 이미 더 많은 선지식을 가지고 있다. 언론에 더 많이 더 오래 노출되어 왔기 때문이다. 그리고 영화로도 이미 더 많이 만들어졌다. 반면에 군함도와 강제 징용공의 문제는 2015년 군함도가 일본에 의해 세계문화유산에 등재되면서부터 우리에게 알려지기 시작했다. 그 이후 국내에서 영화로 만들어진 것은 이번이 처음이다. 따라서 〈택시운전사〉와 달리 〈군함도〉는 그와 같은 소재를 다룬 첫 영화이기 때문에 허구성을 수용할 수 있는 여지가 상대적으로 매우 좁을 수밖에 없다. 이미 군함도와 강제 징용공 문제에 대한 충분한 공감대가 형성되고 충분한 정보가 확산된 상황이라면 아마도 역사 왜곡 논란은 그렇게 심각하지는 않았을 것이다. 예컨대 우리가 잘 알고 있는 전래동화는 아무리 왜곡해도 큰 문제가 되지 않고 오히려 또 다른 창작물로 간주되듯이 말이다.

이러한 차이에도 불구하고 예술 작품이 주는 효과에서 작품의 작은 부분의 변화가 전체 이미지를 좌우할 수 있다는 점을 간과해서는 안 된다. 감독의 섬세한 연출이

중요한 이유이다. 음악에서 일, 이 소절의 변화만으로도 곡 전체의 이미지가 바뀌듯이 영화에서도 작은 뉘앙스의 차이가 큰 차이를 만든다. 즉 부분의 변화가 전체를 좌우할 수 있는 것이다. 더구나 〈택시운전사〉는 결말을 실제 사건과 동일하게 만듦으로써 택시 추격 장면의 허구성을 상쇄시킨다. 그것은 전체적인 효과나 결과에 영향을 미칠 만큼 과도한 변화가 아니었다. 그러나 〈군함도〉는 수많은 인물과 사연이 등장하고 결말의 과감한 변화로 인해 훨씬 더 허구적인 영화가 되었던 것만은 사실이다. 특히 친일 논란이 야기된 것은 친일파 문제를 강조하다가 균형 감각을 상실했기 때문인 것으로 보인다. 일제의 만행에 비해 친일파의 만행이 더 부각된 것이다. 나는 감독의 역사 인식이 잘못되었거나 역사를 왜곡했다고 보지 않지만 균형을 잃은 것은 연출의 책임이라고 할 수 있다. 역사 문제는 매우 섬세한 연출이 요구되는 영역이다.

    이처럼 두 영화에는 여러 가지 차이가 있다. 특히 역사 재현과 인식의 차이들이 국내에서 두 영화에 대한 평가와 관객의 반응이 갈리게 된 이유였을 것이다. 하지만 앞서 언급한 것처럼 국내의 논란과 무관한 외국인 관람객들의 입장에서 생각해본다면, 그리고 관객 동원의 최종적 결과가 너무 크다는 점을 감안한다면, 역사 재현과 인식의 차이가 흥행을 좌우하는 전적인 요인이라고 말할 수는 없을 것이다.

김형래 현재 한국외대 독일어과 교수로 재직 중이다. 2008년 독일 보훔대학 영화학 박사학위를 취득했다. 역서로 『영화와 텔레비전 분석 교과서』(공역, 2015), 『파스빈더와 들뢰즈』(2016) 등이 있으며, 영화 〈디-워〉, 〈아바타〉에 대한 논문과 미하엘 하네케, 빔 벤더스, R.W. 파스빈더에 관한 논문 및 들뢰즈의 영화 이론에 관한 다수의 논문이 있다. 그리고 최근의 저서로 『내부자들』(공저, 2016)과 『세미오시스의 매체성과 물질성』(공저, 2017), 『밀정』(공저, 2017)이 있다.

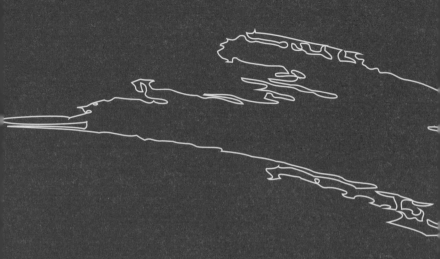

3부
카메라, 음악, 공간

만섭이 깨달은 것은 자신의 일을 해야 한다는 것.
기자인 힌츠페터가 그의 일을 한 것처럼, 택시를 몰고 손님을 왔던 길로
데려가야 한다는 것. 그래서 그 참상을 세상에 알려야 한다는 것이다.
〈택시운전사〉는 이러한 평범한 진실의 표현을 통해
왜 우리가 광주를 기억하지 않으면 안되는가에 대해 알려준다.

카메라를 든 사나이

유봉근

한 사나이가 카메라를 들고 왔다. 그는 눈으로 포착하기 어려운 진실을 전략적으로 기록했다. 그의 기록물은 계엄군의 경계망을 뚫고 광주 바깥으로 나왔다. 그리고는 김포공항의 하늘을 넘어 도쿄를 경유하여 유럽으로, 세계로 퍼져나갔다. 누군가 1980년 5월 광주의 역사적 진실을 알고 싶다면 먼저 당시 현장을 촬영한 영상자료들을 면밀히 검토해야 한다. 이보다 더 사실적인 기록물을 만나기는 어려울 것이기 때문이다. 〈택시운전사〉는 한 카메라맨이 기록한 역사적 진실을 영화적으로 재구성한 결과물이며, 동시에 오늘날 진실이 어떻게 기록되고 운반되어 전파되는가의 문제를 드러내는 한 편의 미디어 영화로 분석할 수 있다.

카메라맨

지가 베르토프는 〈카메라를 든 사나이〉(1929)를 통하여 세계영화사에 자신의 이름을 올렸다.[1] 그의 다큐멘터리는 한 카메라맨이 자신의 카메라를 들고 일상적 삶의 현장을 누비며 곳곳을 촬영하여 기록하는 장면들로 가득 채워진다. 감독의 의도야 어찌됐든 그의 영화는 카메라,

---

1 지가 베르토프(Dziga Vertov, 1896-1954)는 다큐멘터리 영화를 개척한 소비에트 시대의 영화감독이자 이론가이다. 〈카메라를 든 사나이〉는 이미지로 다큐멘터리 이론을 보여주는 베르토프의 명작이 되었다.

촬영하는 대상, 필름의 편집과 기술에 관한 이론을 보여
준다. 카메라맨의 일상을 담은 영화는 훗날 영화인들에
게 카메라의 역할과 기능에 관한 영감을 준다. 특히 고다
르가 이끈 새로운 영화 운동에 베르토프의 흔적을 읽을
수 있다.[2] 베르토프의 후계자들은 들거나 메는 카메라,
걷는 카메라, 뛰어다니는 카메라, 기차를 타고 달리는 카
메라, 비행기를 타고 나는 카메라를 능숙하게 다루는 전
문가들로 진화했다. 어떤 사건 현장의 진실을 담고자 한
다면 카메라를 들고 사건의 현장으로 돌진해야 한다. 〈택
시운전사〉는 카메라맨, 영화, 역사적 진실에 관한 심각한
이야기를 진지하게 다루는 영화다.

---

2 장뤼크 고다르(Jean-Luc Godard, 1930-)는 〈네 멋대로 해라〉(1960)로 데뷔한 프랑스
의 영화감독이자 「까이에 뒤 시네마」에서 활동한 영화 이론가이다.

1980년 5월 19일 카메라를 들고 김포공항에 도착한 사나이는 독일 제1공영 텔레비전 방송국(ARD) 소속의 도쿄 특파원 위르겐 힌츠페터(Jürgen Hinzpeter, 1937-2016)다. 그는 베트남과 캄보디아 전쟁을 취재한 17년 경력의 베테랑 카메라 기자였다. 그의 동료 사운드 엔지니어 헤닝 루모어(Henning Rumohr)와 함께 힌츠페터는 광주항쟁의 현장으로 내달린다. 그리고는 광주 5월의 역사적 장면들을 필름에 담았다. 그는 자신이 취재한 내용을 팩스로 송고하지 않고, 필름을 직접 운반하기 위해 계엄군의 포위망을 뚫어야 했다. 이를 위해 선교사 또는 비즈니스맨으로 위장하고, 밀수꾼처럼 기지를 발휘하거나 첩보원처럼 민첩하게 행동했다. 케이크 상자에 담긴 필름은 공항의 경계망을 넘어 도쿄의 동료 기자에 넘겨졌고, 함부르크 방송국까지 안전하게 도착했다. 1980년 5월 22일 오후 8시, 당시 서독 제1공영방송의 저녁 뉴스(타게스샤우)는 광주 현장의 생생한 장면들을 송출했다. 세계는 한국의 남쪽 도시에서 무슨 일이 벌어졌는지 눈으로 확인할 수 있었다. 유럽과 세계의 시민들은 문제의 심각성을 즉시 알아차렸다.

1980년 9월 17일 한국에서는 민주화운동을 이끌던 김대중 선생에게 사형이 선고되었다. 바로 그날 독일의 제1텔레비전 방송국은 베르트람(Jürgen Bertram) 기자가 책임 편집한 〈기로에 선 한국 Südkorea am Schneide-weg〉(45분)을 방송했다. 이 다큐멘터리는 지금까지 문자로 기록되어 전해진 5월 광주에 관한 기사들의 총합보다 높은 정세도(definition)를 자랑한다.

영화와 허구

"이 영화는 실화를 바탕으로 재구성 되었습니다"라는 자막과 함께 영화 〈택시운전사〉는 시작된다. 전체 화면에 달랑 한 문장만을 실어 보내는 것은 이 명제의 진실성을 믿어달라는 호소처럼 울려온다. 관객은 '실화'라는 단어에 주의를 기울이지만, 감독은 '재구성'하기 위해 온갖 노력을 다했을 것이다. 말은 재구성이지만 실제로는 허구에 가깝다는 의미로 받아들여진다. 영화가 완성되기까지 실제 택시운전사의 정체는 베일에 가려진 상태였다. 딸 하나 키우는 홀애비였을까. 친구의 집에 얹혀살면서 제때 월세를 내지 못하는 무능한 가장이었을까. 문장으로 완성하지 못하고 단어와 몸짓으로 영어를 구사하는 사우디아라비아 파견 노동자였을까. 중동에서 번 돈을 아내 간병비로 지출해야 했지만, 딸의 미래를 책임지기 위해 개인택시를 구입해야 했던 운전사였을까. 그의 딸과 주인집 아들이 심리적으로 갈등하며 불편한 관계를 유지하고 있었을까. 광주에 발이 묶여 있는 동안 딸과의 소풍 약속을 지키지 못한 미안함으로 눈물을 훔치던 딸바보였을까. 수많은 불확실한 팩트들은 영화의 도입부를 사실과 거리가 먼 과잉의 장면들로 채우도록 허용한다. 실화를 재구성하는 대신 택시운전사의 이야기를 과장하고 허구화하는 결과를 내보이는 것이다.

카메라는 진실을 기록하는 미디어이지만, 카메라에

의존하는 다큐멘터리 영화는 스스로 픽션의 속성을 지니고 있음을 숨기지 않는다. 영화는 때로는 진실의 전파를 방해하거나 지체하게 하면서 허구 창조의 자유를 과도하게 누린다. 진실과 왜곡을 분명하게 구별하기 어려운 환영의 세계에 이를수록 관객은 환영의 파워에 굴복당하게 된다. 사실에 대한 감동은 허구에 덧입힌 상태로 관객의 마음으로 파고든다. 영화는 "사실에 기반하고 있다"는 자막을 대수롭지 않게 제시하면서, 팩트에 허구를 덧입히거나, 허구에 팩트를 얹어 인위적인 스토리를 만들어낸다. 카메라는 팩트 속에서 상상적 신념을 굳게 만들지만, 영화는 허구 속에서 관객의 감동을 유발시킨다.

〈택시 드라이버〉 vs 〈택시운전사〉

마틴 스콜세지 감독의 〈택시 드라이버〉(1976)는 칸영화제에서 황금종려상을 받았다.[3] 그의 영화에서 주인공은 월남전에 참전하고 전역한 후 제대로 된 직업을 찾는 데 어려움을 겪는다. 전쟁의 참화에 대한 트라우마 때문에 주인공 트래비스(로버트 드니로)는 불면증에 시달렸으며, 12시간을 일해도 잠이 오지 않아 야간 택시운전사로 일하게 된다. 26세의 젊은 운전사는 영화가 끝날 때까지 "온갖 인간쓰레기들에 대항하는 주인공" 운전사의 역할을 충실하게 수행한다. 장훈의 〈택시운전사〉는 중동의 건설현장에서 중장비 기사로 일한 경력이 있는 김만섭(송강호)을 주인공으로 내세웠다. 스콜세지의 〈택시 드라이버〉에서 택시운전사의 주인공 지위에 이의를 제기하기 어렵지만, 장훈의 〈택시운전사〉에서 송강호는 힌츠페터(크레취만)와 주인공 자리를 놓고 경쟁한다. 〈택시운전사〉에서 김만섭은 카메라맨의 의욕적 활동을 돕는 조연의 위치에서 주인공의 지위에 접근한다. 김만섭이 없다

---

3   마틴 찰스 스콜세지(Martin Charles Scorsese, 1942-)는 1967년에 데뷔한 미국의 영화감독, 각본가이자 제작자다. 〈비열한 거리〉(1973), 〈순수의 시대〉(1993) 등 수많은 장르의 영화를 감독했다.

면 힌츠페터의 필름도 있을 수 없다는 논리로 주연과 조연의 역할과 기능을 분리할 것을 주문한다.

카메라와 진실

베르토프의 '키노 아이(Kino-eye)'는 관객의 관점, 감독의 관점, 카메라의 관점을 구분한다.[4] 광주를 보는 관점에서 계엄군의 관점과 시민군의 관점이 대립한다. 영화는 카메라맨 힌츠페터의 관점이 진실에 가깝다는 주장을 무언으로 지원한다. 카메라를 든 사나이의 관점은 어느덧 관객의 관점과의 간격을 상쇄하고 기계장치의 관점과 결합하거나 그를 대체한다. 베르토프는 다큐멘터리 영화를 위해 카메라를 들었지만, 힌츠페터는 텔레비전 방송을

---

[4] 인간의 눈은 대상을 선택적으로 인식하지만, 기계(카메라)의 눈은 있는 그대로 관찰하고 기록한다. 베르토프에게 '키노 아이'란 "진실을 드러내고 보여 주는 데 기여할 수 있는 모든 수단과 방법"을 말한다. 키노 아이는 단어 그대로 영화의 눈이라는 뜻이지만, 베르토프가 창설하고 이끈 집단과 그 운동에 붙인 이름이며, 그 집단의 작업 방식을 지칭하기도 하며, 베르토프가 1924년에 제작한 장편영화의 제목이기도 하다.

위한 영상을 촬영했다. 베르토프의 다큐멘터리는 영화의 혁신에 기여했으며, 힌츠페터의 영상은 한국에서 민주화의 진전에 기여했다.

영화 속에서 카메라는 진실을 어떻게 기록하는가를 설명한다. 광주행 택시가 고속도로 입구의 검문소에서 제지당하는 순간 힌츠페터는 처음으로 그의 카메라를 들어올린다. 택시운전사도 광주에서 무슨 일이 일어났는지 속사정을 모르는 상황이다. 카메라는 무장한 위병과 차량 통제용 장애물의 위력을 기록하기 시작한다. 위병소의 군인들은 권력으로부터 명령을 받고, 주어진 임무를 충성스럽게 수행하도록 훈련받은 장치들이다. 유대인 수용소의 관리들처럼 평범한 과업을 수행하는 도구들이다. 권력은 언제나 그들을 지키는 파수꾼 또는 충직한 조력자를 앞세운다는 명제를 힌츠페터가 본능적으로 들어 올린 카메라는 영상화한다. 막강한 권력의 집행자 앞에서 택시운전사는 상황을 즉각 알아차린다. 민간인의 입에서 나오는 "충성!"이라는 구호는 무장한 계엄군의 권력에 더 이상 저항하지 않고 순종하겠다는 시그널이다. 택시운전사는 고속도로를 통한 광주 진입을 포기하고 즉각 다른 샛길을 찾아 나선다.

힌츠페터가 두 번째로 카메라를 들어 올린 것은 거리의 시위장면과 맞닥뜨리고 나서다. 그는 원거리 뷰를 확보할 수 있는 한 건물의 옥상으로 올라간다. 카메라맨은 객관적 관점에서 사건현장의 전체를 조망할 수 있어야 한다. 시위대와 시위를 저지하려는 무장군인이 충돌하는 장면을 동일한 지평에서 관측할 수 있어야 한다. 옥상에서 같은 직업에 종사하는 한국인 동료 기자를 만나고 광주의 시위 상황에 관한 정보를 공유하게 된다. 카메라를 든 사나이들은 서로의 위험성을 이해하고 서로의 안전을 당부하며 객관적인 진실을 획득하기 위해 노력하는 모습을 보인다.

세 번째로 카메라를 들이댄 곳은 광주적십자병원의 비극적 현장이다. 한국의 언론이 전하는 뉴스보다 훨씬 많은 사상자의 모습이 힌츠페터의 카메라에 기록된다. 이는 훗날 계엄령이 발효된 상황에서 한국의 언론이 전한 내용은 당시 현장의 사실과 거리가 있다는 주장을 입증하는 증거가 된다. 카메라는 신문의 기사나 라디오 방송보다 전언의 오류를 수정하거나 보완하여 진실을 기록할 수 있는 월등한 미디어임을 확인할 수 있게 한다.

영화 속에서 힌츠페터가 카메라를 들어 올려 기록한 가장 중요한 장면은 바로 광주 시청 앞 시가전 현장의 상황이다. 시위는 평화적이었는가. 누가 가해자인가. 폭력은 어떻게 시작되었는가. 누가 먼저 총을 쏘았는가. 시민군과 계엄군의 폭력은 정당했는가. 헬기로부터의 지원사격이 있었는가. 시가전이 벌어지던 시간의 현장, 가해자와 피해자에 대한 구분과 판단과 수많은 의문에 대하여 힌츠페터의 영상은 오늘도 증언을 계속하고 있다.

힌츠페터의 카메라는 광주를 포위한 계엄군의 경계망을 빠져나오는 마지막 순간을 기록한다. 계엄군의 택시 검색 장면은 관객들의 긴장감을 고조시킨다. 검문소 위병의 책임은 총기류나 무기 소유의 여부를 확인하는 것이다. 카메라나 필름은 단속 대상으로서의 우선순위에서 밀린다. 자동차의 트렁크에 숨겨진 서울 택시 번호판이 줌업되어 스크린을 채운다. 관객들의 긴장은 더욱 고

조된다. 엄태구는 고개를 끄덕이며 통과를 지시한다. 택시를 가로막고 있던 차폐물은 치워지고 힌츠페터를 태운 택시는 검문소를 빠져나간다. 계엄군 가운데 일부는 민주화 세력의 편에 서 있다는 사실을 암시하면서 관객을 안심시킨다. 순간적으로 긴장은 해소되지만 영화가 여기서 끝나는 것은 아니다.

영화의 대단원에 이르러 카메라의 능력은 편집기술을 통하여 시각화된다. 계엄군의 추격이 시작되고 택시운전사와 카메라맨의 탈출은 다시금 절망에 가까운 상황으로 내몰린다. 긴장과 긴장 완화 과정은 빠르게 반복된다. 반전을 위한 마지막 카드가 사용된다. 계엄군의 추격을 방해하고 카메라맨의 탈출을 돕는 택시운전사 연합군을 등장시키는 것이다. 전쟁과도 같은 상황은 영화적 장치에 의해 마무리된다. 카메라맨을 지켜내기 위한 작위적인 설정은 "실화를 바탕으로" 제작한 영화라는 모토를 약화시킨다. 그러나 생전 힌츠페터의 실제 인터뷰 장면을 삽입함으로써 약화된 사실성을 보충한다. 힌츠페터의 카메라, 인터뷰 장면을 녹화한 카메라 그리고 〈택시운전사)를 촬영한 카메라의 역할을 교차시키며, 〈택시운전사〉는 미디어 기능의 한 모델을 스스로 제시하고 있는 것이다.

카메라의 시대

베르토프는 〈카메라를 든 사나이〉를 통해 진실을 기록하여 전할 수 있는 키노 아이의 가능성을 일깨워준다. 레니 리펜슈탈은 〈의지의 승리〉와 〈올림피아〉를 통하여 권력을 강화하는 기능을 무의식적으로 수행하는 카메라의 능력을 확인시켜 준다.[5] 장훈의 〈택시운전사〉는 칼과 펜보다 카메라가 더 강력한 힘을 발휘하는 미디어가 될 수 있음을 입증하고자 한다.

힌츠페터가 사용했던 수준의 성능을 가진 카메라는

[5] 레니 리펜슈탈(Leni Riefenstahl, 1902-2003)은 히틀러와 괴벨스의 지원으로 〈의지의 승리〉(1933), 〈올림피아〉(1935)를 제작한 독일의 무용가, 영화감독, 사진가였다.

어느덧 보편화되어 이제는 누구나 베르토프의 키노 아이 콘셉트를 적용할 수 있는 장치를 소유하게 되었다. 누구나 카메라를 든 사람으로 살아갈 수 있는 기회가 보장되어 있는 것이다. 조지 오웰이 우려했던 시각미디어의 위험성보다는, 세상의 진실을 기록하여 전하는 도구가 편재하는 현실 속에서 즐거운 카메라맨의 시대가 열리고 있다. 언제, 어디서, 무엇을 향하여 카메라를 들어 올릴 것인가에 대한 숙고와 성찰이 전제되어야 한다. 택시운전사 송강호의 영화가 아니라 카메라맨 힌츠페터의 영화로 해석할 수 있는 한 가지 이유가 분명해진 셈이다.

유봉근 현재 한국미디어문화학회 회장. 연세대학교 독문과를 졸업하고 베를린 훔볼트대학교에서 에.테.아. 호프만 연구로 박사학위를 취득했다. 『세미오시스의 매체성과 물질성』(2017), 『도박하는 인간』(2016), 『수행성과 매체성, 21세기 인문학의 쟁점』(2012) 등의 책을 공동 저술했으며, 『보는 눈의 여덟 가지 얼굴 - 시각과 문화』(2015), 『예술, 매개, 미학』(2014), 『문화학과 퍼포먼스』(2009) 등의 책을 공동 번역했다. 키틀러의 매체이론, 백남준의 미디어아트, 레만의 포스트드라마 연극, 하네케의 영화 등에 관한 논문을 썼다.

광주를 기억하는 또 하나의 여정, 〈택시운전사〉

이주연

이스라엘에 5년째 살다 보니 이런저런 직간접적인 이유들로 인해 유대인들의 아우슈비츠 트라우마에 노출되는 일이 적지 않다. 이러한 '노출'로 인해 이스라엘에 오기 전 내가 알고 있던 2차대전 중 유대인들이 겪었던 고통에 대한 인식과 감정적인 반응은 지난 몇 년간의 시간을 거치며 변화되었다. 그 변화된 인식과 감정이라는 것이 사실은 간단히 설명하기 어렵다. 결코 단순명료할 수 없는 일이기도 하거니와, 이들이 겪은 일은 단 한 시대의, 단 하나의 역사적 트라우마에만 기반하지 않는 실로 오랜 기간의 역경에 뿌리를 두고 있기 때문이기도 하고, 홀로코스트에 대한 역사적 기억의 재생과 표상은 아직도 그리고 앞으로도 많은 시간 '진행형'일 것이기 때문이다.

그러나 이스라엘에서 재생산되는 홀로코스트 담론들은 나 같은 타자에게 있어 온전히 '순수하게'만 존재하지는 않는다. 예를 들어, 예루살렘에 위치한 '야드바셈', 즉 홀로코스트 박물관에서 일하던 어느 직원이 팔레스타인들이 겪는 고통에 대해 공적인 채널에 호소했다고 해서 해고되었다거나, 팔레스타인들은 유대인의 '적'이므로 그들의 죽고 사는 일에는 관심이 없다고 공공연히 말하는 유대인들 중에는 '우리가 겪은 아픔은 어느 누가 상상할 수 없을 정도로 크기 때문에' 타자들의 고통과 비교할 수 없다는 의식이 깔려 있다. 물론 이러한 이들은 소수일 수 있다. 그런데 그 소수에게 정치적, 경제적 권력이 주어졌다면 문제가 달라진다. 홀로코스트에 대한 기억을 무기로 삼아 타자가 누려야 할 기본적 권리를 박탈하려고 하는 것은 폭력이기 때문이다. 그러기에 홀로코스트의 의미를 퇴색시키려 하는 불온한 동기와 행동에 나는, 또한 우리는 민감할 수밖에 없다. 인종과 국가의 경계를 넘어 우리는 반인륜적 폭력으로서의 홀로코스트를 기억한다. 이러한 기억법이 타자와 나의 경계를 넘어 반인륜적 폭력에 맞서는 하나의 길이다.

그런데 간혹 의문이 든다. 왜 난징대학살이나 위안부 문제, 그리고 군부독재에 항거하다 스러진 많은 이들의 죽음은 더 넓게 공론화되지 못했으며, 왜 더 많은 사람들의 관심을 받지 못했는지. 광주민주화운동의 문제만 보더라도, 여태껏 많은 진전이 있어 왔지만, 5·18 진상조사에 대한 뉴스가 나올 때마다, 그리고 이에 관한 영화가 만들어졌을 때마다 아직도 반공 이데올로기와 지역주의, 그리고 국수주의의 목소리를 빌어 희생자를 욕되게 하는 사람들이 '우리' 중에 있고, 아직도 광주학살에 대한 진상이 온전히 밝혀지지 않았으며, 무엇보다도 그 학살을 자행한 범죄자들을 온전히 처단하지도 않았다. 위르겐 힌츠페터라는 타자가 목격했던 이 반인류적인 학살은 왜 아직도 온전히 우리의 집단적인 트라우마가 되지 못했을까? 한국의 이데올로기 대립의 역사는 식민지 시절까지 거슬러 올라가야 하고, 오랜 군부 독재하에서 광주는 물론이고 한국의 중요한 역사적 문제에 대해 자유로운 표현을 할 수 없었던 지난한 역사를 가지고 있었던 이유가 가장 크다고 하겠다.

그러나 민주주의가 꽃을 피우기 시작하고 좀 더 자유로워진 환경에서 살게 되었다고 해서 광주를 '제대로' 기억하고 추모할 수 있는 것은 아니다. 우리는 이념 대립만큼이나 무시무시한 신자유주의 물결 속에서 공유하는 역사적 기억이나 연대의 중요성에 둔감해져가고 있다. 현 정부가 들어서기 전의 10년은 신자유주의라는 또 하나의 이념이 국민의 주권과 민주주의를 훼손시켰지만 촛불의 힘으로 정권을 바꾸어낸 근래에는 5·18 특별조사위원회가 출범하여 당시의 헬기 사격이 있었음을 밝혀냈고, 국방부장관이 광주시민들에 대한 정부의 공식적인 사과를 전달하는 등 굵직하고 의미 있는 정치적 변화들이 생기고 있다. 그러나 이러한 정치적 변화보다 더 중요한 것은 이념을 넘어서, 광주학살을 역사적 보편성의 진리를 기리는 우리 모두의 기억으로 전환시킬 수 있는 의식의 변화이다. 이제 새로운 환경 안에서 식민지시대와 민주화 운동에 관한 영화들이 속속 만들어지고 있다. 상업성의 비난을 피해갈 수는 없지만, 이러한 새로운 환경 속에서 상영된 〈택시운전사〉가 천만 관객을 끌어들였다는 것은 의미심장하다.

광주는 어떻게 광주가 될 수 있나?

'홀로코스트는 어떻게 홀로코스트가 되었는가?' 사회학자인 제프리 알렉산더는(Jeffrey C. Alexander) 이 질문에 대해 이러한 대답을 내놓는다. 하나의 역사적 사건이 집단적 트라우마를 만들지는 않는다고, 어떤 트라우마가 집단적 트라우마가 되기 위해서는 사회적인 위기가 문화적 위기로 전환되어야 한다고. 다시 말해, 집단적 트라우마가 좀 더 많은 이들에게 알려져 정치적 행동력을 갖게 되려면 설득력 있는 내러티브가 만들어져야 하는데, 이러한 내러티브는 영화 혹은 문학작품 등을 통해 '효과적'으로 전파될 수 있다는 것이다. 어찌 보면 지나치게 정치적으로 들릴 수도 있는 지적이지만, 이 논리의 핵심은 이러한 효과적인 내러티브는 우리에게 좀 더 새로운 형식으로 도덕적인 책임감에 대해 생각하도록 하며, 우리가 취해야 할 정치적 행동의 노선을 좀더 진취적인 방향으로 나아가게 한다는 것이다 (Trauma: A Social Theory, 2012).

알렉산더가 덧붙인 것처럼, 어느 특정 트라우마에 관한 영화나 문학작품을 만드는 이들은 '성공적'인 의미만들기에 우선 집중해야 한다. 영화와 문학의 영역이 엄연히 다르고, 관객과 독자라는 카테고리도 같은 것이 아니기 때문에 '성공적'이라는 그의 단어는 조심스럽게 쓰여야 하는 것이지만, 어쨌든 문학보다 더욱 체계적인 상업적 구조에서 생산되는 영화에 있어서는 어느 정도 일리가 있는 말이라고 생각된다.

영화를 보기 전, 소위 '잘팔리는' 배우를 투입하고 엄청난 스크린을 확보하여 천만 관객을 넘겼다는 〈택시운전사〉에 대해 우려스런 마음이 생겼던 것은, 이러한 상업성에 대한 의심의 눈초리도 있었거니와, 과거 제작/상영되었던 영화들의 '전과'를 답습한 채, 신파를 가미한 영웅 만들기나 되지 않았는지(〈화려한 휴가〉) 혹은 가부장적인 국가주의에 대한 비판을 처절하게 혹은 철저하게 '순수'한 여성성을 파괴함으로 표상(〈꽃잎〉)하지나 않았는지 걱정스런 마음이 앞섰다. 영웅 만들기의 내러티브와 과잉의 미학은 더 이상 효과적인 문화적 장치로서의 역할을 할 수 없기 때문이다.

힌츠페터의 시선을 따라가는 〈택시운전사〉를 감상하면서 줄곧 생각했던 것은 문화적 장치가 어떻게 광주의 트라우마를 '우리' 안의 타자들을 혹은 '우리' 밖의 타자들을 온전한 '우리' 안으로 끌어들일 수 있을 것인가였다. 결론적으로 말하자면, 〈택시운전사〉는 평범한 사람들이 과장된 이데올로기에 이끌리지 않고, 일상생활의 공간에서 광주의 역사적 공간 속으로 걸어 들어갈 수 있게 해 준 영화라고 생각한다. 추격 장면 등 몇 가지 아쉬운 부분들은 있지만, 억지스럽지 않게 좀더 많은 사람들의 공감을 얻을 수 있었던 것은 내부자가 아닌 '외부자'의 눈으로 기록된 역사를 재구성한 공이 일단 크다고 할 수 있다.

그런데 과연 힌츠페터만 '외부자'일까? 택시운전사 만섭은 힌츠페터와는 달리 의도치 않게 내부로 들어가게 된 '외부자'라는 공통점을 갖고 있다고 생각한다. 어찌 보면 힌츠페터의 시선 못지않게 김만섭이라는 평범한 소시민이 '외부자' 혹은 '타자'의 입장에서 내부 깊숙이 들어가게 되는 과정이 〈택시운전사〉가 던져주는 가장 큰 의미 중의 하나가 아닐까 생각한다. 이 두 사람이 광주를 빠져나왔을 때, 그들은 더 이상 외부자로 남을 수 없게 된다. 감정의 농도는 다를지언정 관객 또한 마찬가지 아니었을까? 우리와 다를 바 없는 평범한 사람들이 희생자가 되고, 단결하게 되고, 그리고 저항하게 되는 과정을 통해 5·18은 우리 모두가 알아야 할, 그리고 더욱 더 선명하게 기억해야 할 역사로 기억하게 되는 것이다. 나는 〈택시운전사〉에서 '타자'와 '우리'의 경계를 애매하게 만든 미학 중 다음 두 가지를 엮어 논하려 한다. 하나는 음악효과이고, 또 다른 하나는 신발의 상징성이다.

'단발머리'에서 '광화문으로'까지

영화는 만섭의 개인택시가 한강교를 건너 서울시내로 들어가는 모습으로 시작된다. 라디오를 크게 틀고 조용필의 '단발머리'를 신나게 따라 부르는 만섭. 조용필은 두말할 것도 없이 엄청난 인기 가수였고, 1979년 발매된 '단발머리'는 그 이듬해까지도 무척 유행이었나 보다. 유행이 지속되었는지 아닌지는 사실 중요하지 않다. '대학가요제에 나가려고' 대학에 갔다는 재식이 엉성하게 불러내는 '나 어떡해'처럼, 이 '단발머리'는 케이팝 이전의 가요계를 기억하는 수많은 사람들에겐 도무지 잊으려야 잊을 수 없는 곡인 것이다. 그리고 이 두 곡은 서로 다른 세대를 구분하는 문화적 잣대이기도 하다.

아무튼 이 오프닝은 음악을 통해 만섭이 어떤 사람

인지 친절하게 알려주고 있다. 만섭은 손님이 없을 때에
도 뽕짝을 듣는 운전수는 아니다. 대학교육을 받지는 않
았지만 대학가요제에 대해서도 알고 있고, 사우디밖에
가보지 않았지만 그래도 그 시절에 '외국물'을 먹은 사람
이다. 게다가 그 외국 경험 덕분에 서툴지만 영어도 한
다. 불우한 가정사가 있지만 매사 긍정적인 만섭. 그가
커다란 목소리로 '단발머리'를 부르며, 이미 고물이 되어
가는 브리사 택시를 몰고 가며 즐거울 수 있는 것은 자신
의 딸아이를 잘 키우고 싶은 희망이 있기 때문이다. 1980
년 광주의 봄은 처참했지만, 한강교를 건너는 소시민 만
섭에게는 또 하나의 평범한 하루였고, 그의 노란색 셔츠
와 초록색 택시의 화사함처럼 희망을 품어보는 하루였
다.

뜻밖의 '횡재'로 인해 광주로 진입하기 전까지의 만
섭의 기분은 좋기만 하다. 밀린 월세를 '한방'에 해결하
고 딸아이의 새신발도 사 줄 수 있는 기회가 온 것이다.
이러한 그의 기분을 그와 힌츠페터가 함께 광주로 향하
는 장면에서 카니발 음악으로 한층 고조시킨다. 대강 어

편 상황일지 짐작만 하는 힌츠페터는 물론 복잡한 기분이었을 터이지만 말이다.

광주의 맘씨 좋은 택시기사 황태술의 집에서 기타리스트가 되고 싶어 하는 재식이 '나 어떡해'를 부르는 장면은 낮에는 데모를 하면서도 팝송을 들었던 그 시대의 평범한 대학생들을 떠올리게 했다. 이 대학생에게 만섭은 말한다. '공부나 하라'고, 아니면 '노래연습이나 하라'고. 그 시대의 대학생들이라면 누구나 한 번쯤은 들었을 법한 대사이다. 황혜진이 지적한 것처럼(2017, 280) 만섭은 "국가와 자신을 동일시하는 경향이 있어 비판적으로 정치화되기 어려운" 소시민이다. '사우디'가 의미하는 것은 단순히 만섭의 외국 경험이 아닌 대한민국의 경제성장에 이바지했다는 자부심이다. 전경들에 뒤쫓기다 택시의 백미러를 부수어버린 한 젊은이에 대해 걱정스런 맘보다 가벼운 분노를 느끼는 만섭에게 있어 자신과 전혀 다른 '정치적인' 삶을 살아가고 있는 이 젊은이들은 이해가 가지 않는다.

그런데 이런 만섭이 전혀 예상치 못했던 광주의 참

상을 목격하기 시작하면서 변화하기 시작한다. 처음엔 어떻게든 광주를 빠져나가 집에 홀로 남아 자기를 기다리는 딸이 있는 서울로 가야겠다는 마음뿐이었다. 힌츠페터를 광주에 남겨두고 서울로 향하는 만섭. 그는 서울로 오는 도중에 순천의 어느 장터에 들러 딸 은정이에게 줄 분홍색 신발을 한 켤레 산다. 은정이의 신발 뒤축이 꺾여 있던 장면이 영화 초반에 등장하는데, 신발을 왜 제대로 신고 다니지 않느냐는 만섭의 꾸중에 딸 은정이는 너무나 당연한 대답을 한다. 발이 커져서 신발이 맞지 않는다고. 그제서야 자신의 무관심에 자책하는 만섭. 순천의 장터에서 은정에게 주기 위해 신발을 사는 장면은 그 당연한 진실에 대답한다. 발에 맞지 않는 신은 버리고 새 신을 사서 신어야 한다는 것을.

광주의 '폭도'들에 대한 이야기를 들으며 만섭은 차마 점심밥을 넘기지 못한다. 그리고 광주에 두고 온 손님을 데리러 가려 차를 돌린다. 공교롭게도 1980년 5월 21일은 '부처님 오신날'이었다. 만섭이 택시를 몰고 광주로 돌아가는 도로 주변엔 알록달록한 연등들이 수도 없이 걸려 있다. 전혀 자비롭지 못한 날에 아마도 이런저런 소망들이 담겨 있을 연등들을 스치며 만섭이 광주로 향하는 이 장면의 디테일은 다층의 상징성을 내포하고 있다. 힌츠페터가, 그리고 광주에서 만난 사람들이 무사하기를 바라는 만섭의 바람이었을 수도 있고, '부처의 탄생일'이니 대한민국의 민주화를 위한 또 하나의 희망의 상징일 수도 있고 혹은 만섭의 어떤 '깨달음'에 대한 상징일 수도 있다. 연등의 디테일이 제대로 살아나도록 만들어주는 것도 역시 음악이다. 만섭의 택시가 광주로 향하는 동안 빠르고 긴장감 넘치는 바이올린곡이 흐른다. 이것은 광주 이전과 광주 이후의 만섭의 변화를 잘 보여주고 있다. 이제 만섭의 마음은 급하기만 하다. 힌츠페터를 무사히 서울로 데려와야 한다는 의무감이 생겼기에. 만섭의 초록색 택시는 그 수많은 색색의 연등들을 뒤로하고 광주로 달려간다.

만섭이 광주 적십자병원에 도착하여 재식의 죽음을 대면했을 때, 그는 재식의 이미 굳어버린 발밑에 벗겨져 놓여 있던 운동화 한 짝을 재식의 발에 신겨준다. 이 장면은 앞서 자신의 딸아이에게 주기 위해 샀던 새신발의 의미를 떠올리게 한다. 딸아이에게는 아직 신기지 못한 새신발, 그러나 재식이 신었던 그 운동화를 재식의 차가운 발에 신기고 있는 만섭의 모습에서 세대를 가로지르는 절망 및 희망을 동시에 발견한다. 아마도 의도된 연출이었겠지만, 재식의 벗겨진 운동화는 영화 〈1987〉에서도 하이라이트 된 이한열의 운동화를 떠올리게 한다. 이 운동화는 1980년 5월의 광주를 6월 항쟁으로 이어지게 하는 매개체이며 이 운동화를 신겨주는 만섭의 모습은 더 이상 방관자로 남지 않은 수많은 그 시절의 시민들과 학생들로도 읽혀질 수 있다. 만섭은 그의 일을 무사히 끝마치고 서울로 가서 은정이에게 새신발을 신겨줄 수 있을까? 이미 이 실화를 바탕으로 한 이야기의 끝이 어디인지를 알고 있는 우리는 은정이가 새신발을 신을 수 있으리라는 것을 알지만, 그곳으로 가는 길은 결코 쉽지 않았다는 것을 만섭을 통해 보게 된다.

만섭이 깨달은 것은 자신의 일을 해야 한다는 것. 기자인 힌츠페터가 그의 일을 한 것처럼, 택시를 몰고 손님을 왔던 길로 데려가야 한다는 것. 그래서 그 참상을 세상에 알려야 한다는 것이다. 〈택시운전사〉는 이러한 평범한 진실의 표현을 통해 왜 우리가 광주를 기억하지 않으면 안되는가에 대해 알려준다. 자신의 일을 제대로 한다는 것에 대한 새삼스러운 의미가 황태술이 기자와 실랑이하는 장면에서도 등장한다. 어느 신문기자가 적십자병원 앞에서 택시 승차를 요구하자 "기자가 기자 일을 안 허니께 기사는 기사 일을 안 하겠다"고 하며 승차거부를 하는 황태술. 이 기자는 나중에 진실을 알리려 고군분투하는 전남 매일신문의 '최 기자'와 대비된다. 이 대화의 묘미는 신문'기자'와 택시'기사'를 나란히 배치하여 달려야 하는 기사(記事)가 달리지 못하는 상황을 알려주고 있다. 이러한 상황에서 만섭은 신문사의 기자를 대신하여 기사(騎士)가 된다.

힌츠페터가 자신을 찾고 있는 신문기사를 읽으면서 옛일을 떠올리는 어느 밤늦은 시각에 만섭의 차에 손님이 들어온다. 어디로 가느냐고 묻는 대답에 '광화문이요' 라고 대답하는 손님. 구태여 광화문의 의미를 되새김질

할 필요는 없으리라 생각된다. 대신, 광화문으로 향하는 만섭의 택시를 담아내는 이 마지막 장면의 음악도 영화 처음에 등장하던 음악만큼의 가벼움은 없지만 비교적 조용하고 차분한 카니발 음악으로 처리된다. 광화문을 향하는 마지막 장면의 음악효과는 마치 만년의 만섭의 모습처럼 과하지도 않게, 그렇다고 부족하지도 않은 향수성과 미래성이 묘하게 섞여 있는 듯하다.

음악감독이 누구일까 궁금해 찾아봤더니 〈접속〉(1997)으로 시작해 멜로, 느와르, 시사성영화를 오가며 활동해온 조영욱이란 사람이다. 꽤 굵직한 영화들에 음악감독으로 참여하였고 영화 〈변호인〉(2013)의 음악도 담당했다 한다. 영화감독과 주연급 배우 이외의 영화참여자에 대해 도무지 제대로 된 정보를 얻을 수 없음에 답답하였지만 유일하게 짧은 유튜브 비디오가 눈에 들어왔다. 조영욱 감독의 인터뷰인데, 그는 음악으로 영화의 효과를 부풀리는 것을 싫어한다고 한다. 그는 덧붙여 "영화에 푹 빠져 음악이 잘 안 들리는 영화가 좋은 영화음악"이라 이야기하고 있다. 쉽게 말해 군더더기가 없이 적재

적소에서 배치되어 영화를 살려주는 음악이라는 말인 것 같은데 나는 이 말에 동감한다. 처음부터 음악을 들으러 영화관에 가는 사람은 없다. 관객들은 영화를 보러 오는 것이지 들으러 온 것이 아니기 때문이다. 그럼에도 불구하고 음악의 역할은 매우 중요하다. 아주 간략한 정보이긴 해도 나는 이 인터뷰에서 조영욱 감독이 이야기한 영화음악에 대한 철학이 〈택시운전사〉에 잘 반영되어 있다는 생각이 들었다. 김만섭이란 소시민의 의식적, 그리고 행동적 변화를 효과적으로 살린 데에는 신발이 상징하는 세대를 넘어선 민주주의에의 갈망과 더불어 음악의 역할도 중요했다는 생각이다.

집단적 트라우마로 거듭나야

〈택시운전사〉의 실제 인물인 김사복은 안타깝게도 1984년 사망했다고 한다. 이 인물이 힌츠페터를 태워다주었던 동일인물인지 아닌지 갑론을박이 있었고 결국 동일

인물인 것으로 확인되는 상황이지만, 이 인물이 〈택시운전사〉를 통하여 우리에게 알려주는 또 하나의 진실이 있다면, 그처럼 평범한 사람들이 저 평범한 진실이 무너졌을 때 보여준 인간애라고 생각한다. 권력에 저항한 무수한 사람들. 이들은 정치적 이념으로 국가의 권력에 저항한 것이 아니고, 평범한 진리를 지키기 위한 것이었으며, 자신의 딸아들의 미래를 위해 보여준 소시민들의 용기가 관객들에게 큰 울림을 주지 않았나 생각한다.

〈택시운전사〉로 인해 이제 광주에 대한 기억의 표상에 전환점이 오지 않았나 하는 생각이 든다. 이러한 문화적 경험으로 많은 이들이 공감하고 또한 그들이 광주를 기억하고, 함께 기릴 수 있는 집단적인 트라우마로 거듭나야 할 것이다. 앞으로 남은 과제는 많다. 광주 전후의 사정들, 책임을 져야 하는 사람들, 트라우마를 안고 살아왔던 사람들에 대해 이야기해야 한다. 이러한 내러티브를 경험하고, 비판하고, 그리고 비평하는 것 자체가 가깝고도 먼 시절의 고통과 그 고통을 짊어졌던 사람들을 외면하지 않는 '내부자'로 남는 길이다.

영화에서 만섭이 입었던 노란색 셔츠는 영화가 끝날 때까지 피 한 방울 묻지 않고 노란색으로 남았다. 약간의 먼지만 묻었을 뿐인 그의 셔츠는 힌츠페터가 곧 세상에 내놓게 될 그 진실이 담긴 영상을 지켜냈다는 의미이고, 또한 그와 힌츠페터가 목격한 진실을 잊지 않겠다는 다짐의 의미이기도 하다.

이주연　캐나다의 요크대학교에서 개화기/식민지초기 문학연구로 박사학위를 받았으며 현재 이스라엘의 히브리 대학 아시아학과의 조교수로 재직 중이다. 식민지시기 문학과 영화, 그리고 디아스포라와 대중문화연구로 다수의 논문이 *The Journal of Korean Studies, The Journal of Japanese and Korean Cinema, Cross-Currents: East Asian History and Culture Review, The Asia-Pacific Journal: Japan Focus* 등에 출판되었으며, 유아사 카츠에의 단편 「대추」, 이광수의 에세이 「문학이란하오」, 「문학의가치」, 그리고 하라 켄야의 미학저서 『백 White』 등을 영문으로 번역하여 출판하였다.

〈택시운전사〉의 공간 여행

서송석

프롤로그

이처럼 찬란한 아름다운 5월에,

세상의 모든 꽃봉오리 활짝 열리면,

내 마음속에서도

피어오르네 사랑이.

계절의 여왕 5월을 마다할 사람이 있을까? 새들이 푸른 하늘을 날고 냇물이 푸른 벌판을 달리는데 아이들은 자기들 세상이라며 푸르른 5월을 외친다. 이파리들로 통통히 살이 오른 나뭇가지들, 초록의 풍성함이 빼곡히 들어찬 산마루, 그 못지않게 산 아래 들판을 뒤덮은 녹색의 향연은 그야말로 생동하는 자연이 뿜어내는 취기의 발원지이다. 이제 5월의 한가운데 선 사람들은 저들이 가진 가장 단순한 감각으로도 맹렬한 추위에 붙들려 있어 한겨울에서 꼼짝달싹 못할 것 같았던 자연이 어느새 황량하기 그지없던 들판을 녹이고 앙상한 나뭇가지 사이의 빈 공간을 채우는 마술의 절정을 즐긴다. 햇빛은 초록의 빛깔을 앞세워 우리의 시각을, 바람은 나뭇가지들을 흔들어 부딪는 소리와 신록의 내음을 발산시키면서 청각과 후각을 채운다. 그러니 위 노랫말을 쓴 하이네와 여기에 곡을 붙인 슈만이 특별한 감수성을 지닌 예술가라고 자타가 공언할지라도 5월의 생기를 체감하는 데 그 유별난 감각을 발휘할 필요는 없을 것이다.

이렇듯 5월의 초록은 인간의 감각반경을 넓히고 자

연의 생명력과 활력을 배가시킨다. 5월은, 자연의 순환질
서에 놀라지 않으며 오히려 그에 순응할 줄 아는 늙은 농
부들을 밭으로 부르고 그들의 땀방울 맺힌 흰 옷을 비춘
다. 5월은 초록의 산들을 가르며 달리다 그 늙은 농부들
에게 길을 묻는 노란색 유니폼의 택시운전사를 들뜨게
한다. 5월은 낡고 낡아서 가다가도 설 것만 같았던 조그
만 녹색 택시의 질주를 허용한다. 5월은 그렇게 낡고 조
그만 녹색 택시의 새로운 공간 여행을 허용한다. 이 글은
한 노란색 유니폼의 택시운전사가 자기의 녹색 택시와
함께 겪었던 5월의 어느 날, 어느 공간 경험에 관한 이야
기이다.

<택시운전사>, 5월, 사람과 공간의 기억

5월이 선사하는 회복의 힘은 비단 자연에만 국한되지 않
는다. 5월은 우리의 기억력을 되살아나게 한다. 5월은
1980년을 기억하게 하고, 1980년 5월은 광주를 기억하

게 한다. 그리고 1980년 5월 광주를 기억하는 사람들은 그 날의 사건, 그 누군가는 반드시 기억해야 할, 혹은 그 누군가는 기억에서 지우고 싶어 하는 일들을 떠올린다. 이러한 점에서 〈택시운전사〉는 기억에 관한 영화다. 〈택시운전사〉는 1980년 5월의 광주라는 시간과 공간을 기억의 저편에서 끄집어내는 영화다. 시간과 공간, 무엇보다도 그 속에 얽힌 사건들과 사람들을 기억하게 하는 영화다. 도대체 그 날 무슨 일이 일어났던 것일까? 공간에 담긴 사건, 공간에 압축되어 있는 기억의 단편들을 되짚어 보면서 우리도 택시운전사의 녹색 택시를 타고 〈택시운전사〉의 공간 여행에 동참해 보기로 한다.

길

택시운전사 김만섭은 식당에서 우연치 않게 얻은 예약정보를 가로채 독일에서 온 파란 눈의 외국인을 태우고 광주로 향한다. 한적한 고속도로 양옆은 이미 녹음으로 우거져 있다. 하지만 순탄할 줄만 알았던 광주행은 도착 30여 킬로미터를 남겨 두고 장애를 만난다. 붉은 색 바탕에 흰 글씨로 새겨진 "통행금지", 다소 위협적인 경고문 뒤로 겹겹이 놓인 바리케이드, 그리고 무장한 군인들. 차는 방향을 돌린다. 길은 그 자체로 열린 공간이자 동시에 다른 공간으로 진입할 수 있는 통로다. 길은 본질적으로 열려 있어야 한다. 그렇지 않으면 아예 길이라고 불릴 수 없기 때문이다. 그런데 그 길이 닫혀 있다. 정확히 말하면 열린 공간으로서의 길 자체가 막힌 게 아니라 열려 있는 그 길을 누군가 인위적으로 막고 서 있는 것이다. 택시운전사는 물어물어 우회로에 들어서고 보다 낯선 길, 비좁고 포장도 안 된, 그러나 어찌되었든 마땅히 열려 있어야 할 새로운 길로 내달린다. 하지만 그곳에도 군인들이 있다.

택시운전사와 파란 눈의 외국인은 새로운 공간의 진입을 허용하지 않는 제약에 직면한다. 공간을 막아버린 주체, 강제적이고 인위적인 장치를 앞세워 움직임의 자연스러움을 부동의 부자연스러움으로 바꾸어 놓은 주체는 녹색 군복을 입은 군인들이다. 영화의 관객들은 김만섭의 택시를 사이에 두고 서로 다른 녹색의 대비를 포착한다. 자연의 녹색과 인간의 녹색. 자연의 녹색은 열린 공간으로서의 길을 동반하지만 인간의 녹색은 그 길을 막고 훼손하며 일그러뜨린다.

우여곡절 끝에 들어선 광주의 길은 혼란스런 광경으로 가득하다. 너저분하게 깔린 종이들, 아무렇게나 나뒹구는 부서진 물건들, 주인을 잃은 가게, 그리고 그 닫힌 가게 군데군데 누군가 써서 붙여 놓은 생소한 구호들. 독일 공영방송 ARD의 카메라 기자 힌츠페터는 차도 사람도 다니지 않는 그 낯설고 황량한 길, 그 공간을 채워 놓은 이질감을 카메라에 담기 시작한다. 반면 자기 집 안방처럼 익숙한 서울에서 조용필의 '단발머리'를 흥얼거리고는 했던 김만섭은 섬뜩함마저 자아내는 광주의 낯선 풍경에 당혹해하면서 자신이 머물던 공간으로 돌아가고자 한다.

이렇게 보면 길은 꼭 앞으로만 가라고 강요하는 것 같지는 않다. 길은 그 이유야 어떻든 유턴을, 곧 지나쳐

왔던 곳으로 되돌아갈 자유를 허용한다. 왜냐하면 길은 본질적으로 열려 있는 공간이어야 하기 때문이다. 관객들은 그 녹색 택시의 마지막 유턴, 그렇게나 힘겨웠던, 하지만 결과적으로는 엄청난 역사적 반향을 이끌어낸 그 유턴을 기억한다. 택시운전사는 단순히 공간의 방향을 바꾼 것이 아니다. 하마터면 거꾸로 흘를 뻔 했던 역사를 올바로 돌려놓는 계기를 마련했기 때문이다. 순천에서 빈속을 채우고 서울로 향하는 길, 입에서 새어나오는 혜은이의 '제3한강교'는 익숙한 공간으로의 복귀를 환영하는 행진곡이 되어야 했지만 그 경쾌한 리듬은 어느새 속절없는 안타까움과 죄책감이 묻어나는 신음으로 변조된다. 김만섭은 시야를 가릴 만큼 촉촉해진 눈시울을 붉히며 운전대를 왼쪽 끝까지 돌린다. 태워야 할 손님을 두고 왔기 때문이다. 유턴은 주인집에 맡겨진 딸아이와 푸른 눈의 외국인 사이에 놓인 팽팽한 긴장상태의 균형을 일거에 무너뜨린다. 아내와 사별한 애처로운 가장 김만섭의 녹색 택시는 이제 두고 온 손님에 대한 죄책감을 덜어내는 만큼 폭력의 공포와 두려움을 가중시키는 공간으로 내달린다.

어느 한 공간의 멀어짐은 다른 공간의 가까움을 함의한다. 김만섭은 제3한강교라는 익숙한 공간에서 멀어져 최루가스, 심지어는 총탄이 날아오는 광주 시내의 한가운데에 있다. 그곳은 인위적이고도 강제적으로 막힌 공간, 일그러지고 훼손된 녹색의 폭력이 지배하는 암울한 공간이다. 그는 바로 이 공간에서 자기가 태우고 온 카메라맨과 함께 있기로 결심한다. 힌츠페터의 카메라 안에는 괴기스럽기까지 한 녹색의 계엄군들뿐만 아니라 저마다 가야 할 제3한강교를 등 뒤로 하고 한 데 모인, 그러나 계엄군들의 폭력에 쓰러져 가는 선량한 시민들, 그들을 온 몸으로 막아 감싸는 또 다른 선량한 시민들이 담겨 있다. 여기서 카메라는 믿기지 않을 만큼 무자비한 폭력으로 꽉 막혀 버린 공간을 조금이라도 벌릴 수 있는 유일한 틈새이자, 질식 상태의 공간에서 실낱같이 남은 산소호흡기다.

택시운전사 김만섭의 공간 여행은 힌츠페터를 태우고 서울로 되돌아가는 길에서 절정에 이른다. 광주 택시들의 헌신적인 동반 질주는 막힌 공간을 복구하는 절대적인 요건으로 인정되어야 한다. 김만섭에게는 제3한강교로 향하는 회귀의 여정이지만 광주의 택시운전사들은 금남로나 전남도청, 그 어떤 다른 목적지도 정해 놓지 않았다. 그들은 그저 등골을 오싹하게 만드는 훼방에도 불구하고 인위적이고 강제적으로 폐쇄되어버린 그 길을 열어놓으려 했을 뿐이다. 금남로로 되돌아갈 수 없는 전남번호판의 녹색 택시들이 그토록 힘겨운 질주를 감행하지 않았더라면, 따라서 그들의 눈물어린 희생으로 숨구멍을 틀어막는 듯한 장막의 틈바구니가 조금이라도 벌어지지 않았더라면 김만섭의 공간 여행은 광주에서 막을 내렸을지도 모른다.

집

독일 출신의 피터뿐만 아니라 만섭에게도 1980년 5월의 광주가 생소하기는 매한가지다. 한때는 사우디에서, 그리고 지금은 서울 곳곳을 누비며 하루하루 생업에 몸을 던져야 했던 만섭에게 광주는 일당 10만 원이라는 거금을 대가로 손님을 태워다 주어야 하는 목적지 그 이상의 의미를 갖지 않는다. 오히려 그는 무장한 군인들을 동반하는 섬뜩한 기운 때문인지, 아니면 비싼 등록금 내고 고작 데모나 한다고 투덜대면서 손가락질 했던 서울 대학생들의 시위와는 차원이 달랐기 때문인지, 이미 사건에 대한 정보를 희미하게나마 접하고 광주에 내려오기로 작정한 피터보다 더 큰 이질감을 맛보았는지도 모른다.

　마음은 진즉부터 서울로 향해 있는 그에게 광주는 잠시 머무는 광야에 지나지 않는다. 삼엄한 경계망을 뚫고 세상 바깥으로 소식을 전해줄 수 있는 기자를 데려 왔다고 해서 반기는 환영은 순간의 오아시스일 뿐이다. 예측 불허의 불길함과 두려움이 가까이 엄습해 올수록 두고 온 딸내미는 더욱 더 눈에 밟힌다. 그렇기에 광주의 실상을 제대로 이해하지 못했던, 아니 이해하려고하지 않았던 만섭은 속히 광야의 이방인들에게서 떠나려 한다. 그런데 하필 그와 생사고락을 같이 하는 녹색 택시가 말을 듣지 않는다. 사람도 길도 통신도 막혀 있는 광주의 현상황은 그의 심정을 헤아리기는커녕 오히려 부동 (不動)의 억압에 속수무책이다. 그는 빨라도 내일 새벽까지는 한 걸음도 움직일 수 없다.

이질적인 공간에서 이질적인 사람들과 함께 시간을 보내야 한다면, 이를 반기는 사람은 많지 않아 보인다. 그럼에도 불구하고 광주의 택시운전사인 황태술의 뜻밖의 초대는 공간 여행의 확장이라는 측면에서 색다른 경험을 선사한다. 많은 시간 손님을 응대하며 서비스를 제공해야 했던 만섭이 대접을 받는 손님이 된 것이다. 녹색 택시를 수리할 시간을 버는 동안, 만섭과 그의 승객 피터, 그리고 얼떨결에 만나 피터의 통역을 맡아 하게 된 대학생 구재식이 태술의 집에 함께 들어선다.

"누구여?"

"아이그, 얘기하자면 길어, 밥 있지?"

"밥은 있는디 반찬이 거시기 한다."

초대는 마치 짜인 각본처럼 일사불란하게 이루어진다. 하지만 초대자나 초대에 응한 사람들은 서로 일면식도 없던, 모두 한 날에 처음 만난 사이이다. 광주사람, 서울사람, 그리고 독일사람. 초대 받은 손님들의 생뚱맞은 조합에도 태술의 아내에게서 당황하는 기색은 보이지 않는다. 이처럼 일상적인 초대의 맥락과 거리가 있어 보이는 부자연스러운 면면은 집이라는 공간을 공유하면서 점차 하나의 자연스러움으로 녹아 들어간다. 태술의 집은 어떤 곳일까?

작은 구멍가게를 겸하고 있는 태술의 집을 놓고 물리적 크기를 논하는 것은 아무런 의미가 없다. 넉넉한 인심과 맛깔난 상차림, 정겨운 이야기와 흥으로 채워진 태술의 집에서 비좁음이 자리할 곳은 없으며 오히려 정서적 공감대와 이질감의 완화, 나아가 동질감 및 친밀감의 확장이 두드러져 보인다. 그 이유는 태술의 초대가 단순히 사람 좋은 한 인간의 타인에 대한 따뜻한 배려에 그치는 것이 아니라, 사적 공간의 무제한적인 개방, 곧 사적 공간의 구분 없는 공유를 함축하고 있기 때문이다.

집은 일종의 은밀한 공간이다. 극히 제한적으로 사생활을 공유할 수 있는 사람들에게만 자유로운 출입과 머무름이 허락되는 곳이다. 그러므로 누군가에게 집을 개방한다는 것은 사적 공간의 노출을 감행하는 것이며, 경우에 따라서는 집주인의 사적 영역에 발을 들여놓을 수 있는 자격이 부여되기도 한다. 하지만 그와 같은 자격을 획득하려면 비교적 상당한 시간을 들여야 할 뿐만 아니라, 적어도 어느 특정한 삶의 반경에서 이미 공통된 경험의 축적이 있어야 한다. 사적 영역을 공유한다는 것은 하나의 특권이자 위험요인이기도 하기 때문이다.

태술의 초대가 특별한 점은, 손님들이 애초부터 형님 아우하며 그와 돈독한 친밀관계를 유지해 왔기 때문에 사적 공간을 나눌 만한 자격을 얻은 것이 아니라, 사적 공간의 진입을 우선적으로 허용함으로써 비로소 친밀감의 형성 가능성을 가시화했기 때문이다. 어색해마지 않았던 손님들은 내 집과 크게 다르지 않은 형편의 거실, 바닥과 벽지의 무늬, 가구들, 그 위에 놓인 잡다한 물건들을 둘러보면서 서서히 이질감의 장벽을 허물기 시작한다. 주인과 손님 사이의, 손님과 손님 사이의 친밀감은 무엇보다도 정성스럽게 차린 저녁밥상에 둘러앉아 같은 반찬을 소화할 때 상승한다. 마치 한 가족처럼 같은 밥상에 둘러앉음으로써 그들은 자연스럽게 식구(食口)가 된다. 사적 공간의 개방과 공유는 초대한 사람과 초대받은 손님들의 사적 영역이 서로에게 개방될 기회를 마련한다. 구멍 난 양말을 신은 피터, 선뜻 잘한다고 할 수는 없는 노래 실력을 뽐낸 재식, 피터의 분주한 손가락 놀림을 보며 소싯적 일을 떠올리고픈 태술, 은연중에 홀아비임을 밝혀 버린 만섭. 주인과 손님들은 자기도 모르는 사이에 은밀한 관련들을 들추어낸다. 친밀감의 상승은 동질감의 상승을 부추긴다. 태술의 아내는 급기야 천연덕스러운 재식의 표정에서 닮은 가족을 찾기에 이른다. 막내 도련님 상철과 닮은꼴로 인정된 재식이 태술의 닮은꼴로 인정되지 않는다면 오히려 이상한 일일 것이다. 이처럼 집이라는 사적 공간의 공유 기회는 태술과 재식뿐만 아니라, 만섭과 피터 사이에 놓인 거리감을 어느 정도는 좁히는 계기가 되며 언어의 장벽을 뛰어넘는 상호이해의 가능성을 열어 놓는다.

다른 한편으로, 태술의 집에서 체감할 수 있는 푸근한 온정은 집 바깥세계와의 단절을 담보로 한다. 집은 한 줌의 빛조차 새어 나가지 않도록 철저히 자신을 차단한다. 태술은 가짜뉴스를 일삼는 텔레비전의 스위치를 꺼 버림으로써 외부세계와 유일하게 닿았던 끈마저 놓는다. 이제는 오롯이 그들만이 남는다. 그들이 이곳에 모여 있다는 사실은 그들 외에 어떤 누구도 공유해서는 안 된다. 이러한 점에서 태술의 집은 포근한 안식처이자 동시에 은신처다. 그들은 쉼을 만끽하지만 동시에 고립되어 있다. 하지만 한치 앞을 내다보기 어려울 정도로 급박하게 돌아가는 광주의 상황, 그리고 피터와 만섭 각자의 처지는 그들이 언제까지나 이 친근한 주인의 집에 머물러 있을 수만은 없다는 사실을 드러낸다. 두고 온 딸을 보러 가기 위해서라도, 카메라에 담겨진 광주의 처절함을 세상에 폭로하기 위해서라도 그들은 아늑한 공간을 빠져나와 택시를 타야 한다.

택시

〈택시운전사〉에서 빼놓을 수 없는 공간 여행의 마지막
경유지는 택시다. 택시는 특이한 공간이다. 택시는 그 자
체로도 하나의 공간이지만 동시에 이동이 가능한 공간이
다. 택시는 곧 움직이는 공간으로서 자신의 공간 상태나
특성을 바꾸지 않고 어디든 새로운 공간을 찾아 나선다.
그러므로 〈택시운전사〉의 관객들은 만섭이 운전하는 장
면 곳곳에서 이중의 공간관찰을 경험한다. 예컨대, 힌츠
페터를 태우고 광주로 내려가는 장면에서 카메라는 수시
로 위치를 바꾸며 택시 안과 바깥을 비춘다. 카메라는 한
편으로, 마치 헬리콥터에서 내려다보듯 고속도로를 질주
하는 택시의 지붕을 비추기도 하고 반대편 차선에서 택
시의 동선을 따라 달리기도 한다. 다른 한편으로 카메라
는 택시 안에서, 운전대를 잡은 만섭과 뒷좌석에 앉은 피
터를 응시하며 내부 공간에 초점을 맞춘다. 이때 관객들
의 시야는 인물들의 그것을 뛰어넘는다. 관객들은 인물
들에 눈을 떼지 않으면서도 인물들의 앞, 뒤 또는 옆 쪽

창 너머로 펼쳐지는 택시의 바깥 공간을 곁눈질한다. 그들은 만섭과 피터가 보는 것을 볼 수 있으며, 동시에 만섭과 피터가 볼 수 없는 것까지도 볼 수 있다. 이와 같은 이중관찰은 움직이는 공간으로서의 택시 내부에서 벌어지는 사건과 택시의 창밖에서 전개되는 바깥 세계의 사건들이 어떤 연관성을 갖고 있는지 주목하게 하며, 무엇보다도 택시운전사 만섭과 힌츠페터 사이에 가로놓인 심리적 정서적 심연 사이에 어떻게 돌다리가 놓이게 되는지, 곧 어떻게 이질감이 동질감으로, 거리감이 친근함으로 변화되는지를 탐색하는 데 도움을 준다.

만섭과 피터의 녹색 택시 여정은 크게 세 장면으로 나뉜다. 첫째, 광주로 내려가는 길, 둘째, 광주 시내, 셋째는 광주에서 서울로 올라오는 길이다.

같은 공간에 있다고 해서 다 친밀하다고 할 수도 없을 뿐더러 꼭 그래야 하는 법도 없다. 손님과 택시기사라는 한시적 관계는 상호이익에 부합하는 조건을 유지한다면 그것으로 충분하다. 그러한 점에서 만섭이 피터에게, 또는 피터가 만섭에게 어떤 개인적 이해나 동질감을 요구할 이유는 없다. 그들의 대화는 피상적이다. 그들이 함께 가야 할 광주라는 도시도 그들의 내면에서는 서로 전혀 다른 의미를 지시한다. 그뿐만이 아니다. 택시의 구조상 그들은 마주 볼 수 없다. 한 사람은 다른 사람의 뒤통수를, 다른 사람은 백미러라는 간접 매체를 간간이 이용할 뿐이다. 그러므로 피차 외국어를 이해하지 못하는 난감한 상황조차도 이질감을 심화시키는 요인은 아니다. 왜냐하면 그들은 한 공간 안에 있지만 서로 다른 공간에 있는 듯 분리되어 있으며, 그만큼 최소한의 이질감을 불러일으킬 정도의 상호관련도 애당초 마련되어 있지 않기 때문이다. 적어도 녹색 군인들과 마주하기 전까지는 그렇다.

만섭과 피터가 서로에 대한 거리감을 의식하게 된 것은 군인들에게 두 번씩이나 검문을 받을 때다. 한 사람은 유턴을, 다른 한 사람은 광주행을 고수한다. 광주행이라는 공통의 관심사가 군인들에 의해 제지당할 때 그들은 서로 다른 판단을 내렸고, 바로 그러한 이유로 두 사람 사이에 골이 패이기 시작한다. 그 둘은 광주 시내에

접어들면서 의도적이든, 그렇지 않든 광주 시민들 틈에 섞이게 되고 그 틈바구니에서 광주를 바라보는 시각의 차이는 더욱 노골적으로 부각된다. 이 지점에서 택시는 중재자를 필요로 한다.

통역해 달라는 부탁으로 피터의 옆자리에 앉게 된 재식의 중재 역할이 성공적이었는지의 여부는 태술의 집에서 하룻밤을 보내기 전까지 그 답을 유보할 필요가 있다. 관객들은 적어도 가수를 꿈꾸는 이 해맑은 청년의 입을 통해서 택시 안에서 스치듯 지켜보는 광주의 상황을 두고 만섭과 피터 사이를 가르는 이해의 차이를 뚜렷이 실감한다.

"우리나라처럼 살기 좋은 나라가 또 어디 있는 줄 알아? …"

"군인들이 사람 막 패불고 조사불고 하는디 뭐시 살기 조아라?"

"그러니까 왜 하지 말라는 짓을 하냐고? … 하지 말라고 하는데도 학생들이 계속 데모를 하니까 그렇지."

"어째 거 외국사람보다 이해를 못한대요."

물론 서울에도 여기 광주처럼 데모하는 대학생들이 있다. 하지만 이곳에는 경찰이 아닌 군인들이 막아선다. 그들의 손엔 총이 쥐어져 있다. 아마도 만섭은 내 나라 내 땅인데도 마음대로 들어가지 못하게 하는 군인들의 고압적 태도에서 이미 이 도시를 낯설게 바라볼 태세를 하고 있었는지도 모른다. 그와 반대로 피터는, 광주의 소식을 세상에 알려 달라는 재식의 부탁에 충분한 공감을 표시하며 고개를 끄덕인다. 그의 카메라는 이미 그에 대한 증거물들로 채워져 있다.

"You are not alone. 당신들은 혼자가 아니야."

그러나 간밤의 끔찍한 경험은 두 사람을 각자의 영역으로 내몰아 혼자가 되는 계기로 작동한다. 태술의 집에서 살가운 시간을 보내는 동안 인물들 사이의 팽팽한 긴장상태가 다소나마 누그러졌다 하더라도 택시를 공유하는 일은 더 이상 가능하지 않다. 재식이 두들겨 맞으면서 끌려간 그 날 밤, 죽음의 문턱에 다녀온 것만 같은 만섭은 "살기 좋은" 나라에서는 도무지 있을 수 없는 일들이 일어나고 있는 광주를 속히, 하지만 손님은 두고 떠나려 한다. 피터는 아는 듯 모르는 듯 그의 결심에 순응한다. 외지인인 택시운전사와 손님은 힘없는 시민들이 무자비한 폭력 앞에서 속수무책으로 당하는 상황을 목도했을 뿐만 아니라 직접 몸으로 부딪치기까지 한다. 그러므로 사태의 심각성과 야만적 행위에 대한 분노를 공유하는 일은 어렵지 않으며, 이를 통해 두 사람 사이의 심리적 거리감은 상당히 좁혀졌다고 볼 수 있다. 그럼에도 불구하고, 아니 바로 그렇기 때문에 오히려 한 공간에 같이 머물 수 없다. 택시의 뒷자리는 빈 공간으로 남는다.

순천은 전혀 다른 세계에 속한다. 눈앞에서 실제 벌어진 일들은 괴기한 소문으로 왜곡되어 퍼져 나간다. 국수를 사먹고, 장을 둘러보고, 딸내미에게 신길 색 고운 신발을 사면서 일상의 회복을 기대했던 만섭은 광주에서 멀어질수록 택시의 빈자리가 마음에서 떠나지 않는다. 빈자리는 그에게 낯설게 다가온다. 왠지 그 자리에는 알 듯 모를 듯 생소한 기운, 허전함, 공허함이 점점 쌓여 그의 심중까지 파고드는 것만 같다. 그래서 택시는 푸근하지도 아늑하지도 않다. 차라리 전날까지만 해도 그 곳을 채우고 있었던 불편한 거리감, 상호이해의 부재로 비롯된 이질감이 더 견딜 만할 정도다. 만섭은 흥얼거리던 귀향의 행진곡을 멈추고 유턴을 결행한다. 택시의 빈 공간에 가득 찬 괴로움과 죄책감, 그리고 어디서인지 모르게 솟아오르는 사람에 대한 연민, 카메라를 들고 연신 뛰어다닐 피터에 대한 희뿌연 동질감, 만섭의 내면을 엉킨 실타래처럼 복잡하게 만드는 이러한 감정의 굴곡은 이내 공간을 사람으로 채워야 한다는 결연한 다짐으로 연결된다.

순천은 이중의 공간관찰을 적절한 수준에서 가능케 하는 곳이다. 평화롭고 한적한 시골마을, 얕은 내에서 물놀이하는 아이들, 활기찬 장터, 인심 좋은 국숫집 사장님, 정겨운 신작로. 관객들의 시점에서는 손쉽게 눈에 띄는 아늑한 정경이지만 만섭은 택시 바깥의 공간을 주시하지 않는다. 그는 택시 안에, 아니 자기 자신 안에 고립되어 있으며, 바깥 세계로부터 자신을 차단시킨다. 관객들은 바깥 세계를 주목하지 않는 만섭의 택시를 쫓아간다. 결국 핸들을 왼쪽으로 꺾은 택시운전사는 어느덧 익숙해져버린 공간, 광주의 시내로 향한다. 움직이는 공간으로서의 택시를 지켜보는 관객들은 그제야 만섭의 시야에 바깥 세계가 포착된다는 것을 감지한다.

만섭과 피터가 재회한 곳은 병원이다. 그 둘 사이를 살갑게 이어주었던 재식은 주검이 되어 병원의 차디찬 바닥에 누워 있다. 병원을 나서는 그들은 다시 함께 택시에 오르고, 피터는 이제 뒷자리가 아닌, 만섭의 옆자리에 앉는다. 그들은 같은 방향을 주시할 뿐만 아니라 고개를 살짝만 돌려도 서로의 얼굴을 마주 볼 수 있다. 택시운전사와 손님 사이에 형성된 동질감은 서울로 향하는 마지막 관문에서 두드러진다. 녹색군인들의 제지 속에서 그들은 똑같은 목적지, 똑같은 비밀, 그리고 똑같은 두려움을 공유한다. 택시는 그들의 목숨을 지킬 수 있는 최후의 보루이자 동시에 그들의 목숨을 위태롭게 하는 시한폭탄이다.

전남 번호판을 단 녹색 택시들의 동반질주를 뒤로

하고 서울 길에 오르는 장면은 의외로 짧게 처리된다. 두 사람의 뒷머리를 비추는 카메라는 그들이 반드시 도달해야 할 서울을 지시한다. 친밀감과 동질감으로 채워진 택시는 더 이상의 대화를 불필요하게 만든다. 피터가 자신의 목걸이를 풀어서 만섭의 가족사진에 묶고 그것을 백미러에 걸어줄 때, 공항 주차장에서 뒷좌석에 나란히 앉아 피터의 소중한 필름들을 과자통에 숨길 때 관객들은 어느덧 두 사람 사이에 가로놓였던 이질적 요소들이 뭉개지고 소멸되었다는 사실을 새삼 확인한다. 한밤중 택시라는 공간에서 두 사람은 택시운전사와 손님이라는 상투적 관계, 한시적인 상호이익에 부합하는 관계를 초월하는 공간 여행의 동반자로 각인된다. 두 사람의 공간 여행이 여기서 멈추었다는 점이 아쉬울 뿐이다.

에필로그

5월의 회복력은 초록을 준비하는 산천초목뿐만 아니라

인간의 기억력도 되살린다. 그 기억의 힘은 특히 사람들을 향한다. 옆에 두고도, 오히려 아직도 곁에 있기 때문에 더욱 눈에 들어오지 않았던 사람들, 눈에 담아 두고 싶지만 이제는 곁을 떠난 사람들. 5월의 달력은 자기들 세상이라며 부모의 주머니 사정도 아랑곳하지 않는 자식들의 얼굴을 떠올린다. 5월은 카네이션 한 송이조차 버거워 보이는 부모님의 가슴을 살피며 더 늙고 주름진 얼굴이 눈에 들어올까 차마 고개를 들지 못하는 자식들을 흔들어 깨운다. 5월은 새삼스럽게도 이름이 기억나지 않는, 괴팍스러운 별명으로만 불렸던 학창시절 스승님을 생각나게 한다. 그리고 5월이 찾아올 때마다 우리는 특별한 공간에 속한 특별한 사람들을 기억한다.

영화 〈택시운전사〉는 그렇게 우리의 기억 속에서 소환된 그 선량한 사람들의 이야기를 담고 있다. 〈택시운전사〉는 그들이 머물렀던 공간, 또한 그 공간 내부에 저장된 기억의 조각들을 되살리고 시대와 공간을 아우르는 친밀감과 동질감을 복원하는데 도움을 준다. 이러한 점에서 〈택시운전사〉는 잊힌 것들을 복원시키는 유익한 여행 안내서다.

서송석   현재 한국외국어대학교, 단국대학교에 출강 중이다. 한국외국어대학교 독일어과 및 동대학원을 졸업하고 독일 뒤셀도르프대학에서 괴테의 소설들을 니클라스 루만의 체계이론으로 분석하여 문학박사학위를 취득하였다. 「사회구조변동과 명예의 의미론」(2015), 「빌헬름 마이스터의 수업시대에 나타난 결혼의 정치학」(2017), 「니클라스 루만의 인간과 주체 개념」(2017), 「차이 생산으로서의 커뮤니케이션」(2018) 등의 논문이 있으며, 한국괴테학회가 편찬한 『괴테 사전』(2016)에 공동 집필자로 참여하였다.

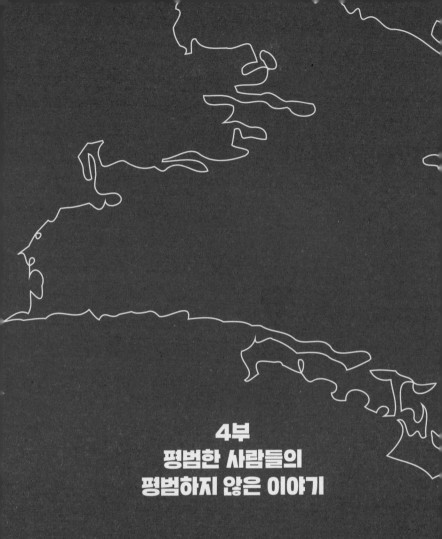

4부
평범한 사람들의
평범하지 않은 이야기

김만섭의 택시에서 서울번호판을 발견하고도 모른 체 통과시켜주던

검문소 장교가 제복을 입고 있었던 것에 비해, 끝까지 김만섭과 독일 기자를

쫓고 이를 막으려는 광주의 택시기사들을 죽음으로 몰아넣던 일당이

전부 사복을 입고 있었다는 사실은, 민간인으로 위장하고 민간인을 가해하는

아이러니를 드러내기 때문에 더욱 잔인하게 다가온다.

〈택시운전사〉
그리고 평범한 사람들

안성호

"기가 막히다, 운전!"

영화 〈택시운전사〉는 1980년 5월 20일, 사글세 10만 원
이 밀린 서울의 한 택시운전사가 때마침 서울에서 광

주까지 왕복으로 당시 거금 10만 원[1]을 주기로 한 외국 '호구' 손님을 태우고 벌어지는 이야기이다. 원래는 당시의 통행금지[2] 시각 전까지 당일치기로 외국 손님을 서울에서 출발하여 광주까지 갔다가 다시 김포공항으로 모셔다 주기로 하였으나 택시운전사는 광주에서 한 사건을 마주하고는 다음 날인 5월 21일에 그 외국 손님을 김포공항까지 배웅하게 된다.

영화는 대한민국 국민이라면 잊어서는 안 될 5·18 광주민주화운동을 다루고 있다. 영화가 시작되면 검은 화면에 "이 영화는 실화를 바탕으로 재구성 되었습니다"라는 자막과 함께 가수 조용필의 노래 '단발머리'를 흥얼

---

1 '화폐가치계산' 서비스를 이용하면 1980년 5월과 2017년 8월 물가상승배수는 36.69 배 상승했으며 당시 10만원은 현재 366만 9천원으로 환산된다. (김채현, 서울EN뉴스, 2017년 8월 11일)

2 야간통행금지는 1982년 1월 5일 폐지될 때까지 36년 4개월 동안 실시되었다. 1961년부터는 00:00부터 04:00까지였으며, 어떤 사회불안요인이나 정변이 있을 때에는 통행금지 시간이 연장되었다. 이 기간 동안 23:00~00:00에는 귀가를 위해 대중교통이 북새통을 이루었다. 밤 12시에 사이렌이 울린 이후에 통행하는 사람은 경찰서에서 대기하다가 오전 4시에 집으로 돌아갈 수 있었다. 이 기간 동안 학원도 교습 시간을 줄여 야간 통금에 맞추었다. 야간통행금지 당시 대한민국 (김포국제공항, 김해국제공항)에 착륙하지 못한 국제선 비행기는 일본이나 홍콩, 타이완, 하와이, 알래스카로 회항하는 경우가 많았다. (위키백과, ko.wikipedia.org)

거리는 노란 택시기사 유니폼의 배우 송강호를 보여준
다. 도로를 신나게 달리던 택시는 이내 정체된 길에 멈춰
서게 되고 곧 그 원인이 데모하는 학생들 때문인 것을 알
게 된다.

"데모할려고 대학 갔나."

"호강에 겨워서 저러는 것들은 싸그리 잡아다가 사우디로
보내야 한다니까. 지들이 펄펄 끓는 모래 사막에서 죽도록 고
생을 해봐야 '야, 이거 우리나라가 살기 좋은 나라였구나' 하고
정신들을 차리지."

배우 송강호가 분한 극중 인물인 김만섭은 그렇게
자신의 밥벌이에 방해가 되는 데모하는 학생들을 나무란
다. 그도 그럴것이 김만섭은 본인의 말대로 펄펄 끓는 사
우디아라비아에서 화물차 기사를 하며 간신히 모은 돈을
가지고 한국으로 돌아와서는 아픈 아내를 위해 그 동안
힘들게 모은 돈을 병원비로 써버린다. 아내의 권유에 못
이기는 척 개인택시 하나를 장만하고 아내는 결국 세상

을 떠나게 된다. 이제 겨우 빚청산을 했지만 아직도 그에게는 당장 갚아야 할 넉 달치 사글세 10만 원이 있다. 그런 그에게 어떠한 정치적 사상이란 사치일 수도 있을 것이다. 그는 그저 그에게 남은 딸 하나 잘 키우고 싶은 마음뿐일 테다. 그러니 그의 밥벌이를 방해하는 데모하는 학생들이 얼마나 밉겠는가? 게다가 그는 아직 진실을 목도하기 전이라 무엇이 사실이고 거짓인지 알지 못한다.

"Let's go Gwang-ju!"

김만섭은 넉 달치 밀린 사글세를 한방에 해결해줄 외국 손님을 태워 광주로 간다. 외국 손님이 독일에서 왔다는 것 그리고 그가 비즈니스 맨이 아니라 기자라는 것을 차차 알아나갈 무렵 광주에 도착해 이제껏 뉴스에서 보지 못한 진실을 마주한다. 김만섭은 자신의 손자가 행여 군인들에게 해코지를 당했을까 걱정하는 할머니 승객에게 "저도 육군 병장 만기 제대했는데 군인들이 그럴 리가 있습니까"라고 상식에 준하는 답을 한다. 그러나 그가 병원에서 맞닥뜨린 진실은 이제껏 그 어느 방송이나 신문에서 보지 못한 것이었다.

김만섭은 폭도들이 미쳐 날뛴다고 알고 있었던 광주에서 기이한 경험을 한다. 주유소에서는 3,000원어치 기름을 넣어달라고 했는데 그 이상의 기름을 채워주며 택시 기사들에게는 무료로 기름을 넣어준다고 한다. 처음 본 광주시민이 상냥하게 웃으며 주먹밥을 건네주고 택시 기사들은 피가 뚝뚝 떨어지는 사람들을 병원으로 실어나른다. 광주시민들에게 최루탄을 쏘고 곤봉으로 때리고 발길질을 하는 경찰과 군인들을 보고는 김만섭은 묻는다. "아니 근데 그 나쁜 놈들 왜 그러는 거야? 가만히 있는 사람들 두들겨패고 쫓아오고."

밀린 사글세를 내려 다른 택시 기사의 손님을 양체같이 뺏은 김만섭은 고민한다. 이제껏 마주한 적 없는 폭력에 눈을 감고 시장에서 산 이쁜 구두를 딸아이에게 건네주러 서울로 돌아갈 것인가 아니면 양심이 이끄는 방향으로 갈 것인가. 파란 신호등 불빛은 앞으로 가라고 하고 뒷차량 운전자들을 안 가고 뭐하고 있느냐고 경적을 울리며 김만섭을 압박해온다. 울먹이던 김만섭은 유턴을 하고 공중전화로 딸에게 말한다.

"아빠가… 손님을 두고 왔어.
아빠가 꼭 태워줘야 되는 손님인데
그 손님만 태워주고 아빠 금방 갈 테니까
그때까지 아줌마 말씀 잘 듣고 상구랑 싸우지 말고."

아수라장인 광주적십자병원에는 대학가요제에 나 가겠다던 재식이가 죽어 있고 외국 손님인 위르겐 힌츠페터(이하 '피터') 독일 기자는 넋이 나간 채 주저앉아 있다. 김만섭은 피터 기자의 손에 카메라를 쥐어주고 일으켜 촬영을 하게 이끈다. "뉴스가 나가야 그래야 바깥 사람들이 알 거 아냐." 피터 기자는 대학생 재식이를 비롯해 병원에 안치된 죽어나간 젊은이들을 필름에 담는다.

"We go together" 라고 김만섭은 피터 기자에게 말하고 그 둘은 공수부대의 총에 쓰러지는 광주시민들에게로 달려간다. 군인들은 광주시민들을 총으로 쏘아 죽이고 피터 기자는 이 모습을 카메라로 촬영한다. 영어 단어의 shoot은 총을 쏘아 죽이다와 촬영하다 등의 뜻을 가진 단어다. 그러니 공수부대 군인들과 피터 기자는 같은 시각 같은 장소에서 shoot을 하고 있는 셈이다. 누군가는 진실을 덮으려 사람들의 목숨을 총으로 뺏어가고 있고 누군가는 진실을 밝히려 목숨을 걸고 카메라로 비극의 현장을 찍어대고 있다. 여러 개의 총과 단 하나의 카메라. 진실을 덮으려는 쪽과 진실을 밝히려는 쪽. 짜르르르 카메라 속 필름이 돌아가는 소리가 장총에서 탕탕 터지는 굉음보다 강하고 슬픈 건 왜일까?

실제로 힌츠페터가 찍은 영상은 나리타 공항에서 서독으로 보내졌고 독일뉴스에서는 힌츠페터가 촬영한 영상을 바탕으로 즉각 보도되었다고 한다. 또한 〈기로에 선 한국〉이라는 이름의 다큐멘터리로 제작되어 5·18 민주화 운동의 진실을 알리는 역할을 했다.[3] 만약 힌츠페터가 광주에 와서 촬영하지 않았다면 대한민국의 민주화는 얼마나 뒤처졌을까? 힌츠페터를 서울에서 광주까지 그리고 다시 광주에서 김포공항까지 삼엄한 군의 경비를 피해 운전해줬던 택시운전사 김만섭이 없었으면 또 어떻게 되었을까? 참으로 상상조차 싫은 끔찍한 가정이다.

총으로 쏘는 shoot는 즉각적이다. 방아쇠를 당기면 탄약이 터지고 발사된 총알은 순식간에 누군가의 몸 속에 박혀 그의 뜨거운 피를 이내 차갑게 만들어버린다. 하지만 카메라의 shoot은 서서히 마음을 요동치게 만든다. 작은 날갯짓이 태풍을 일으킬 수 있다. 광주의 폭도들이 반란을 한다고 알고 있었던 당시의 사람들도 피터가 찍은 영상을 실제로 접하고 나면 아마 김만섭이 한숨과 함

3 이서라, '푸른 눈의 목격자' 위르겐 힌츠페터 제2회 송건호 언론상 수상, PD Journal, 2003.12.03

게 뱉었던 영화 속 대사를 하지 않을까. "어떻게 사람들이 저렇게…" 진실을 눈앞에서 마주하면 양심이 요동칠 것이고 이 힘이 대한민국의 민주주의를 앞당기는 데 작지만 큰 나비의 날갯짓이 되었을 것이다. 그렇게 하나의 카메라는 엄청난 수의 총 앞에서도 싸울 수 있는 것이다.

기사(技士)와 기사(記事)

"무슨 일이 있어도 공항까지 갈 거야."

김만섭은 영화 속에서 어떠한 정치적 사상도 드러내지 않으며 또한 거창한 꿈을 가지고 사는 인물도 아니다. 그저 택시 운전을 하면서 생계를 이어가고 하나뿐인 딸과 행복하게 사는 게 꿈처럼 보이는 인물이다. 생계를 위해 몇 년을 가족과 떨어져 고생하며 살았고 이제야 그 고생이 조금 덜하나 싶었을 때 아내의 사망이라는 또 다른 시련이 다가온다. 그러나 그는 또 일터로 나간다. 기사

(技士)가 그의 업이기 때문이다. 광주의 택시 기사는 처음 본 독일 기자에게 묻는다. 도대체 왜 여기까지 왔냐고. 피터의 대답은 간단하다. 그는 기자고 기자는 기사(記事)를 쓰러 어디든 간다. 그들은 그들의 직업에 충실했다.

기로에 선 한국을 구한 건 소시민이었다. 최근 몇 년간 한국에서는 잊어선 안 될 참사가 있었다. 바다 한 가운데 배가 꼬꾸라지고 있는데 그걸 생방송으로 보고만 있었고 결국은 수많은 목숨을 앗아갔다. 국가가 가만히 지켜보고 있을 때 민간 잠수부들이 모여 하나의 생명이라도 살리려고 바다에 자진해 뛰어들었다. 그 중 몇몇은 아직도 트라우마를 겪고 있고 몇몇은 고소를 당했고 또 몇몇은 안타깝게도 세상을 떠났다. 피터가 김만섭의 이름을 모르듯 우리는 그들의 이름을 알지 못한다.

영화의 마지막은 노인이 된 김만섭이 손님을 자신의 택시에 태우고 광화문으로 향한다. 영화 속 광화문은 밤늦은 시간에 각각의 차들이 자신들의 행선지로 향해가고 있다. 그런데 그 적막한 공간에서 눈앞에 환희 아른거리는 촛불을 본 건 무엇 때문일까. 이름 모르는 자들이 들고 있는 그 촛불은 왜 이리도 가슴을 고요히 요동치게 만드는 것일까.

안성호 현재 숭의여자대학교 영상제작과 겸임교수로 재직 중이다. 한양대학교 연극영화학과를 졸업하고 미국 University of Southern California 대학교에서 영화방송제작 실기석사(MFA) 학위를 취득했다. 영화 방송 제작과 이론 등에 관하여 강의한다.

〈택시운전사〉,
아름다운 사람 만섭과 송강호의 연기

이경희

영화 〈택시운전사〉가 천만 관객을 모으며 흥행한 이유를 여러 가지 들 수 있겠지만, 1980년 5월 광주민주화운동을 소재로 한 이전의 영화들과 달리 비극적이지 않은 결말이 주요 요인으로 보인다. 영화의 성공적인 결말에 기여하는 인물 중 한 명이 만섭이다. 실러는 도덕적 이성으로 개인의 물리적, 감성적 욕구를 제어하는 사람을 '숭고

하다'고 하며, 인간의 자연적 감성과 도덕적 이성이 조화된 사람을 '아름답다'고 정의한다. 실러의 구분에 따른 두 유형의 특성이 영화 〈택시운전사〉의 주인공들에게서 발견된다. 전자는 독일 기자에게 해당되는데, 광주의 진실을 세상에 알리기 위한 직업적 사명감과 이성적인 면모가 부각되기 때문이다. 후자는 택시운전사 만섭에게서 인식된다. 물론 영화의 처음부터 만섭이 인간의 본질적 두 측면이 잘 어우러진 '아름다운 인간'의 모델로 나타나는 것은 아니다. 영화의 서사는 시간의 역행이나 기억에 의한 재구성 없이 단선적인 시간구조를 보여준다. 그런데 영화 속 시간의 흐름과 함께 '아름다운 사람'으로 변모해가는 인물이 택시운전사 만섭이다. 과연 영화에서 평범한 소시민 만섭의 의식과 행동의 변화는 어떻게 이루어지는가?

영화의 초반부에서 택시운전사 만섭은 사회적 정의나 민주 정치에 대해 전혀 관심이 없고 오로지 개인적 삶에 집중하는 소시민의 전형적 인물이다. 그는 서울 거리에서 학생들의 데모현장을 목격하지만, 시위의 원인에 대해 생각하지 않는다. 그에게 데모는 자신의 본분을 망각한 학생들이 국가를 혼란스럽게 하는 비애국적인 행동일 뿐이다. 오직 그의 꿈은 돈을 벌어서 가난한 셋집에서 벗어나 어린 딸과 좀 더 편안한 환경에서 행복하게 사는 것이다. 그가 일을 마치고 집에 들어와 하루 수입을 계산하는 모습, 반찬이 김치뿐인 도시락으로 점심을 먹는 모습, 주인집 아이와 싸우고 의기소침해 있는 딸아이를 위로하기 위해 소풍을 가자고 제안하는 모습에서 자신의 일상을 성실하게 살아가는 평범한 시민의 삶을 엿볼 수 있다. 이러한 소시민적 삶에서 두드러지게 인식되는 것이 만섭의 자연적 감수성이다. 그는 사글세를 밀릴 정도로 어려운 경제적 현실 속에서도 한탄하거나 돈에 찌들린 모습이 아니다. 오히려 현실을 긍정적으로 이해하는 쾌활한 모습에서 진솔한 인간적 면모를 보여준다. 운전을 하다가 손님이나 거리의 행인들에 의해 피해를 입어도 그는 속상한 기분을 일시적으로 드러낼 뿐, 그것에 집착하지 않는다. 만섭이 기사식당에서 광주에 가기로 한 다른 기사의 일거리를 가로채는 행동이 비판적으로 보이지 않는 이유 또한 그의 인간미 때문이 아닐까? 관객은 십만 원을 버는 일거리가 생겨 흥얼거리며 신나게 걸어가는 그의 기분과 일치되는데, 인물에 대한 관객의 공감대 형성에 기여하는 것이 배우 송강호의 자연스러운 연기이다. 이 장면은 배우의 즉흥 연기를 담은 것으로, 장훈 감독이 송강호의 천재적 연기력을 인정하는 장면의 하나로 꼽은 것이기도 하다.

만섭의 소시민적인 모습과 소박한 인간미는 광주에 도착해서도 인식된다. 하지만 독일 기자는 다르다. 그는 광주에 도착하자마자 재식과 다른 청년들이 타고 가는 트럭에 올라 인터뷰를 시도하고, 트럭에 탄 광주 시민들은 기자의 카메라를 열렬히 환영한다. 그런데 독일 기자를 좇아가겠다고 한 만섭은 광주의 위험한 상황을 알고 차를 돌려 서울로 돌아가려 한다. 그때 그를 붙잡는 것이 어떤 할머니의 택시를 부르는 손짓이다. 이처럼 영화 전반부의 만섭에게서 소시민적 삶의 가치관과 진솔한 인간미가 계속 교차되어 나타난다. 그는 서울에서와 마찬가지로 광주 시민의 정치적 항쟁에는 관심을 드러내지 않는다. 가능한 속히 광주의 위험한 상황으로부터 벗어나고 싶은 생각이 지배적인 것으로 보인다. 사실 혼자 있는 어린 딸을 위해 서울로 무사귀환 하려는 그의 생각과 감정 또한 인간적 진실인 것이다. 그런 이유 때문일까? 역사적 진실을 알리기 위해 위험을 무릅쓰는 독일 기자와 달리 안전을 먼저 생각하는 만섭의 모습이 마냥 나약하거나 비겁한 것으로 비춰지지는 않는다.

광주의 진실에 대한 침묵과 죄책감

만섭은 택시 엔진의 고장으로 광주에 하루 더 머물게 되면서 정부 계엄군의 폭력성에 맞서는 시민의 민주화운동을 더욱 생생하게 경험한다. 영화는 인간적인 만섭의 내적 변화를 이끌어내기에 충분히 많은 사건을 연출한다. 그는 광주 택시운전사인 태술(유해진)의 집에서 저녁식사를 하고 광주의 민주화운동을 왜곡된 내용으로 보도하는 텔레비전 뉴스를 확인한다. 재식은 독일 기자에게 뉴스 내용이 사실이 아니라고 말하며, 독일 기자는 재식에게 약속한다. "일본으로 돌아가면 바로 뉴스를 내보낼 수 있다. 전 세계가 다 볼 거다. 미스터 김이 나를 공항으로 데려다 줄 거다. 미스터 김이 아니었다면 광주에 들어오지 못 했을 거다." 그 이야기를 들은 만섭은 기자에게 내일 공항까지 데려다 주겠다고 약속한다. 만섭의 약속은 광주까지 온 행동을 칭찬받은 일시적 기분 탓으로 보이며, 독일 기자의 사명의식과는 거리가 있다. 그는 아직 광주항쟁의 의미와 심각성을 인식하지 못 한 상태이다. 영화에서 만섭의 내적 변화가 시작되는 것은 밤에 불에 탄 광주 MBC 방송국 현장을 보러 나갔다가 계엄군의 폭력성을 직접 목격, 경험하면서이다. 그는 사복 군인들의 추격을 피해 도망하다가 혼자 어느 막다른 골목에 이르러 큰 트럭에 포로가 된 시민들이 옷을 벗은 채로 매질을 당하는 모습을 목도한다. 여기서 벤야민이 말한 대로 카메라를 통한 '시각적 무의식의 세계'가 인식된다. 인간의 시선으로 의식하기 힘든 후미진 공간을 카메라가 포착하여 보여주기 때문이다. 영화 속 카메라는 이 상황을 바라보는 만섭의 얼굴을 클로즈업 하고, 그의 놀란 시선과 표정을 드러낸다. 뿐만 아니라 만섭은 계엄군 상사에게 붙잡혀 빨갱이라는 소리를 들으며 무참하게 구타를 당한다. 그가 빨갱이가 아니라고 외치지만, 이미 "독일 기자 태우고 온 서울 택시운전사", "나라 팔아 먹는 개 잡종 같은 새끼"로 간주되고 목이 졸려 죽을 위기에까지 처한다. 광주의 잔혹한 참상이 만섭의 몸에도 새겨지게 된 것이다. 이후 그의 표정에서 활기찬 웃음기는 사라지고 어둡고 무거운 분위기만 감지된다.

만섭은 독일 기자의 도움으로 위기에서 벗어나 태술의 집으로 돌아오지만, 자신이 경험한 잔혹한 사건들에 대해 한 마디도 말하지 않는다. 오히려 그는 독일 기자에게 자신의 개인적 삶의 이야기를 털어놓는다. 사우디아라비아에 가서 일한 것, 갑자기 부인이 쓰러져서 많은 돈을 써버린 것, 부인의 죽음 이후 한밤중에 어린 딸이 엄마의 옷을 끌어안고 우는 모습을 보고 술을 끊고 열심히 살기로 결심한 이야기 등. 그는 특히 부인의 병을 치료하기 위해 좀 더 많은 돈을 쓰지 않고 아내의 권유대로 택시를 장만한 것에 대한 자책감을 드러낸다. "내가 그런 놈입니다." "산 사람은 살아야 하지 않습니까?" 만섭은 자신과 딸의 생존을 위해 부인의 치료를 포기한 기억을 꺼내놓음으로써 광주민주화운동의 진실과도 거리를 둘 수밖에 없는 개인적 처지를 전하고 있는 것이다. 이 장면에서도 배우 송강호의 연기는 스크린을 보는 관객의 마음을 사로잡는다. 방바닥에 몸을 쭈그리고 누워 낮은 목소리로 자신의 처지를 말하며 소리 없이 눈물을 흘리는 만섭. 송강호는 국가의 비민주적인 폭력성에 맞서 싸우는 광주 시민의 역사적 진실을 알면서도 외면해야 하는 소시민의 가슴 아픈 비애를 실감나게 연기한다. 다음 날 새벽 만섭은 독일 기자 피터를 남겨두고 혼자 떠난다. 그

앞에 전남 택시번호판을 들고 나타난 태술에게 만섭은 거듭 미안하다고 말한다. "미안합니다. 정말 미안합니다." 이런 모습은 광주의 위험상황을 알고 아무 말 없이 유턴하여 서울로 돌아가려 한 행동과는 뚜렷이 구별되는 의식의 변화이다.

역사적 진실의 선택과 행동

만섭의 확고한 의식의 변화는 순천에서 이루어진다. 순천에 도착한 그는 자동차를 수리소에 맡기고, 먼저 전화로 딸의 안부를 확인한다. 수리된 택시를 타고 서울로 출발하던 만섭은 딸에게 줄 새 신발을 쳐다보며 흐뭇해 하다가 유행가를 부르던 중 내적 갈등이 극에 달한 표정을 드러낸다. 그리고 참아온 것 같은 눈물을 터뜨린다. 이 장면에서도 클로즈 업을 통한 배우 송강호의 내면 연기가 전혀 과장 없이 사실적으로 전달된다. 관객은 어린 딸과 소풍 가기로 한 약속을 지켜주고 싶은 아버지의 마음과 비극적인 광주의 진실을 외면한 죄책감 사이에서 고통스러워 하는 만섭의 내적 상태를 충분히 공감할 수 있다. 영화 속 인물의 모습이 바로 우리 대중의 모습과 유사하기 때문일 것이다. 마침내 만섭은 광주로 돌아갈 결심을 하고서, 딸에게 전화한다. "아빠가 해야 할 일이 있어서 소풍을 다음에 가자. 아빠가 택시에 꼭 태워줘야 할 손님을 두고 왔어." 갑작스러운 전환으로 보일 수 있지만, 영화의 서사는 그의 마음을 움직이는 세밀한 사건들을 연출하고 있다. 국수 가게 손님들로부터 서울 빨갱이가 광주에 몰려 가서 데모한다는 왜곡된 이야기를 들었을 때, 식당 아주머니가 그의 시장기를 보고 주먹밥을 내밀었을 때, 만섭은 광주를 떠올리지 않았을까? 그는 재식이 신문과 텔레비전 뉴스의 보도가 모두 거짓이라고 한 이야기와 광주항쟁의 한가운데서 모르는 여성이 건넨 주먹밥이 생각났을 것이다. 광주의 진실을 알고 있는 자의 내적 불편함이 송강호의 세밀한 표정연기를 통해 관객에게도 전해져 온다. 그런데 만약 만섭이 딸의 안부를 확인하지 못했다면, 광주로 돌아가는 선택을 할 수 있었을까?

순천에서 광주로 다시 돌아가는 만섭의 결심과 행동은 자연적 감성과 도덕적 이성, 개인적 실존과 역사적 실존의 결합에 기인한 것으로 보인다.

만섭이 광주로 돌아온 이후, 행동의 변화가 확실히 인식된다. 그는 광주의 병원에서 관이 모자랄 정도로 죽은 사람의 수가 넘쳐나는 현실과 죽은 재식의 얼굴을 확인한다. 그리고 절망과 비통한 심정으로 주저앉아 있는 독일 기자에게 다가가 말한다. "왜 그러고 있어 이제 다 찍어야지. 약속했잖아, 뉴스가 나가야 바깥 사람들이 알 거 아냐. 기자니까 찍어 재식이도 찍고…" 기자는 만섭의 독려에 다시 힘을 얻으며 일어나서 광주 시민의 비극적 현장을 찍는다. 계속 환자들이 병원에 밀려 들어오는 상황을 촬영하던 기자가 만섭에게 먼저 서울로 돌아가라고 하지만, 그는 "같이 가자"고 말한다. 병원에서 부상자들이 실려오는 장면, 광주 시민들이 계엄군의 총에 맞아 쓰러지는 장면에서 벤야민이 언급한 영화의 '충격 효과'가 인식된다. 관객은 장면 하나하나를 관조하며 바라볼 수 없고, '정신을 차리고 깨어 있는 상태'에서 보게 된다. 만섭은 태술과 함께 거리에 다친 채 쓰러져 있는 환자들을 택시에 태워 병원으로 옮기는 행동에도 참여한다. 이 장면의 연출은 다소 작위적으로 보일 수도 있지만, 광주에서 만섭의 행동 변화를 명료하게 드러내는 부분이다.

결국 만섭은 독일 기자와 함께 몇 차례 위기를 간신히 넘기고 서울 공항에 도착한다. 나중에 위르겐 힌츠페터가 언론수상 소감에서 밝힌 대로, "그가 아니었다면 광주의 진실은 세상 밖으로 나오지 못했을 것이다." 영화가 실화를 바탕으로 만들어진 것이지만, 만섭의 형상화는 가족 관계, 경제적 상황 등 실화 속의 인물 김사복과 완전히 일치하지 않는다. 장훈 감독은 단지 사실의 재현이 아니라, 김사복의 행동에 기반한 내러티브를 통해 영화의 시학적 진실을 추구한 것으로 보인다. 실제로 영화 〈택시운전사〉는 1980년 광주 민주화운동의 역사적 사건 뿐만 아니라 불의와 폭력을 묵인하지 않고 만섭이 선택한 진실의 의미에 대한 성찰을 제공한다. 진실은 도덕적 이성의 기초이자, 인간의 마음을 움직이는 보편적 가치이다. 〈택시운전사〉의 흥행은 신자유주의 시대의 치열한 경쟁사회를 살면서도 도덕적 인간, 도덕적 국가의 실현에 대한 대중의 내적 갈망에 기인한 것이 아니었을까.

이경희 현재 이화여자대학교 호크마교양대학 부교수이다. 또한 한국사고와표현학회 편집위원장과 한국미디어문화학회 연구상임이사로 활동하고 있다. 독일문학과 미학, 환상문학, 자연과학, 교양교육에 관련되는 많은 논문을 발표했다. 대표적인 논문으로 「실러의 미학이론에 나타난 젠더 불평등 연구 - 『우미와 존엄』을 중심으로」, 「드라마 『군도』에 나타난 쉴러의 정치적 보수주의 - 한국영화 〈군도: 민란의 시대〉와의 비교를 중심으로」, 「미하엘 엔데의 환상소설 『끝없는 이야기』 연구」, 「괴테의 지질학 연구와 문학적 담론」, 「근대 화학이론과 실험의 시학적 형상화 - 괴테의 『파우스트 2부』를 중심으로」, 「영화 〈그녀 Her〉를 활용한 글쓰기 교육모형 연구」, 「과학의 고전읽기 교육사례 연구 - 토머스 헉슬리의 『진화와 윤리』를 중심으로」, 저역서로 『프리드리히 실러의 미적 교육론 연구』(공저공역, 2015)가 있다.

여전히 '그 곳'으로 '달려야' 하고
'애도해야' 하는 한 가지 이유
영화 〈택시운전사〉와 연극 〈충분히 애도되지 않은 슬픔〉

최영희

택시운전사 김만섭, 생(生)을 버리고 의(義)를 취하다?

삶을 버리고 의를 취한다는 뜻의 사생취의(捨生取義)는 맹자사상의 핵심으로 집약되어 왔다. 누구에게나, 그 어떤 것보다도, 가장 소중한 것은 자신의 생명일 테지만, 맹자는 생(生)과 의(義)라는 두 가치가 부딪히는 상황이

온다면 자신은 결단코 의를 선택하겠노라 단언한다. 그렇다면 맹자가 그토록 힘주어 강조하는 의란 무엇일까? 그것은 사람이라면 '마땅히 지켜야 하는' 삶의 방식을 가리킨다. 옳은 일이라고 판단된다면 반드시 실천해야 하는 것, 즉 의를 지킨다는 것은 '가장 사람답게' 사는 것을 뜻한다. 이천여 년 전 주장했던 맹자의 논리가 오늘날에도 여전히 유효하다고 가정해 본다면, 우리들에게 있어 의를 실천한다는 것은 어떤 의미인가? 우리가 아직도 맹자를 읽는 이유는 어쩌면 의가 모든 것을 초월하는 이상적인 이념이라서가 아니라 그만큼 '실천'하기 어려워서는 아닐까?

　　우리에게 '의'란 흔히 정의나 의리 혹은 신의 등으로 풀이되곤 한다. 정의든 의리든 신의든 그것을 키워드화한 작품들은 항상 존재했다. 그러나 1980년 5월 광주에서 있었던 '그 사건'은 맹자가 말했던 측면, 삶과 의가 정면으로 충돌하는 바로 '그 지점'을 보다 적나라하게 보여준다. 그 때문인지 5·18 민주화운동을 소재로 한 작품들은 장르를 불문하고 꾸준히 창작되어 왔다. 특히 〈금희의

오월〉(1988), 〈일어서는 사람들〉(1988), 〈오월의 신부〉(2000), 〈푸르른 날에〉(2011)는 다양한 시각에서 광주항쟁에 접근한 연극들이다. 영화에서도 〈꽃잎〉(1996), 〈박하사탕〉(1999), 〈오래된 정원〉(2007), 〈화려한 휴가〉(2007) 등이 해당 사건을 소재로 다룬 바 있다. 그리고 지금 여기, '생'과 '의'가 맞선 최전선(最前線)에서 갈팡질팡하는 두 주인공 그룹이 다시 우리에게로 왔다. 영화 〈택시운전사〉(장훈 감독, 2017)와 연극 〈충분히 애도되지 못한 슬픔〉(최치언 작·연출, 2018. 5. 4.~5. 13.)은 여러 측면에서 비교할만한 시사점을 제공해준다.

아주 유사하면서도 또 그만큼 매우 다른 장르라고 할 수 있는 영화와 연극에서 비교적 비슷한 시기에 동일한 소재를 다룬 방식을 살펴보는 일은, 5·18 민주화운동이라는 소재가 자주 취택되는 이유는 무엇인지, 이 사건에 내재된 속성과 가치는 무엇인지, 맹자가 목숨을 걸고서라도 사수하겠다는 의는 아직도 우리에게 유의미한 것인지 등에 대한 한 가지 접근이 될 수 있다. 그리고 무엇보다, 영화 〈택시운전사〉가 천이백만 명 이상의 관객을 동원할 수 있었던 동력은 무엇이었는지 그 단초를 설명해줄 것이다.

위장(僞裝)을 위장하다

상대적인 입장에서 보자면, 1980년 5월 광주에서의 일을 현장에서 목도한 인원은 그리 많지 않다고도 할 수 있다. 어떤 관점에서 사건의 실체와 진실에 접근했는지, 또 그것들이 작품에 어느 정도나 반영되었는지는 차치해 둔다 하더라도, 굴곡진 한국 현대사에서 여전히 논쟁의 중심에 있는 사건을 작품의 소재로 삼는다는 것은 상당한 부담을 전제한다. 그래서 두 작품은 각각 '외부인과 주변인'을 설정하고 이들의 시선으로 필터링한 서사를 전면에 내세움으로써 이러한 부담을 감소시키는 전략을 택하고 있다. 영화 〈택시운전사〉에서 김만섭과 위르겐 힌츠페터는 서울과 독일에서 광주로 들어온 외부인이며, 연극 〈충분히 애도되지 못한 슬픔〉의 세 친구 '세수' '타짜'

'떨빡'은 광주시민이지만 각각 사기꾼, 노름꾼, 정신병력 소유자로서 일반적인 서민의 범주에서 벗어나 있는 주변인이다. 연극에서 시위현장은 음향으로 처리되고 세 친구는 광주시민들이 왜 시위를 하는지도 모르는 채 외부인의 관점과 마찬가지로 빨갱이를 운운한다. 관객이 직접 사건과 마주하는 방식이 아니라 투입된 외부인과 주변인이 목격한 2차적인 시선을 통해 광주를 해석하는 방식인 것이다. 광주라는 내부의 사정을 모르는 외부인과 주변인의 시선은 아이러니하게도, 그래서 관객으로 하여금 사건의 핵심을 더 객관적으로 투사하게 한다.

홍미로운 사실은 두 작품에서 공히 등장인물들이 광주의 현장으로 진입하기 위해서는 일정한 '위장'의 절차를 거쳐야 한다는 점이다. 〈택시운전사〉에서 김만섭은 다른 택시기사가 예약 받은 광주행을 '새치기'함으로써 독일기자를 태우고 광주에 도착하게 된다. 밀린 월세에 압박을 받던 중 자신이 탑승예약을 받은 택시기사인 척 위장한 것이다. 독일인 기자는 말할 것도 없다. 그는 한국에 입국할 때부터 선교사로 신분을 위장하고 광주에 들어가고 나갈 때도 사업가라고 거짓말한다. 만섭이 광주를 빠져나올 때 황태술이 구해준 자동차번호판이 서울택시를 전남택시로 둔갑시키는 위장술을 발휘하는 것은 물론이다. 〈충분히 애도되지 못한 슬픔〉에서 세 친구는 한몫을 단단히 챙길 심산으로 허위 교통사고를 위장한다. '가짜' 환자로 위장하기 위해 세수와 타짜는 떨빡의 왼쪽 다리를 '진짜' 부러뜨린 뒤 달려오는 자동차에 뛰어들게 하는데, 하필 떨빡이 부딪힌 자동차 소유자가 청해물산이라는 민간 기업으로 위장한 국가 정보수집 기관임이 밝혀진다. 세 친구와 비밀정보요원들은 서로 상대를 불손한 세력(시위대와 간첩)이라고 오해하며 대립한다. 세 친구들은 합의금을 타내려고 청해물산에서 빼내온 서류 때문에 요원들에게 쫓기게 되고 그로 인해 종국에는 광주 시위대와 뒤섞인다. 즉 두 작품에서 주인공 일행은 단순하게 돈벌이를 추구하다가 예상치 못하게 광주 시위대와 연결되고 그 중심에서 현장을 목격하게 되는 것이다.

두 작품에서 '사복'으로의 위장은 더욱 복잡하면서도 역설적인 양상을 보여준다. 영화와 연극 모두 주인공들과 정면으로 대치하는 세력은 '사복(私服)'으로 위장한 공권력이다. 영화에서는 시민을 구타하는 군인들의 모습이 묘사되기도 하지만, 김만섭과 통역을 해주던 구재식에게 직접적인 폭력을 행사하는 당사자는 '사복을 입은 조장'이다. 연극에서 비밀리에 수집한 서류를 되찾으러 타짜가 빌붙어 살고 있는 사촌형의 창고로 찾아와 위해를 가하고, 결국 세 친구를 죽음에 이르게 하는 세력도 사복을 입은 국가 정보 요원들이다. 김만섭의 택시에서 서울번호판을 발견하고도 모른 체 통과시켜주던 검문소 장교가 제복을 입고 있었던 것에 비해, 끝까지 김만섭과 독일 기자를 쫓고 이를 막으려는 광주의 택시기사들을 죽음으로 몰아넣던 일당이 전부 사복을 입고 있었다는 사실은, 민간인으로 위장하고 민간인을 가해하는 아이러니를 드러내기 때문에 더욱 잔인하게 다가온다. 이것이 영화에서 시위대와 군병력의 직접적인 대결을 장시간 장면화하지 않고도, 아예 연극에서는 이를 무대 위에서 삭제하고도 충분히 잔인함이 생생하게 묘사되는 이유다.

그렇다면 인물들이 끊임없이 위장을 해야 하는 이유는 무엇이며, 그것이 드러내고자 하는 의미는 무엇일까? '사복'은 민간인을 무차별 폭행하던 사복조장과 그 일행들을 지칭하는 대명사이자, 김만섭이 독일 기자에게 써주던 가짜 이름이기도 하다. 힌츠페터는 독일로 돌아간 뒤 김만섭을 다시 만나고자 다방면으로 애를 쓰지만 결국 그를 찾지 못한다. 김만섭은 '사복'이라는 가짜 이름으로 위장함으로써 비록 힌츠페터와 재회하지는 못하지만 그 대신 안전한 삶을 얻는다. 광주 사건의 목격자를 색출하려는 안기부의 추적을 따돌릴 수 있었기 때문이다. 국가기관의 요원들과 군병력이 사복을 입고 민간인으로 위장했던 것처럼, 김만섭 역시 사복이라는 위장된 이름을 통해 보통의 서민, 즉 진짜 시민의 삶 속으로 녹아든다. 위장이라는 통로를 지나서야 비로소 드러나는 '사복=일반 시민'이라는 장치는 국가기관과 김만섭을 개별 개체가 아닌 보편의 집단으로 탈바꿈시킨다. 김만섭이 사복이라는 이름의 힌트를 담배 상표에게서 얻는다는 설정은 그래서 더 의미심장하다. 담배야말로 저렴한 가격으로 위안을 얻을 수 있는 서민들의 애용품이 아니던가.

정부에서 파견한 군병력과 사복요원들, 일반 시민인 김만섭과 딸빡 일행은 이런 경로로 모두 외부에서 광주 시내로 들어온다. 이들이 외부인(혹은 주변인)으로 규정된다는 점은 두 작품 전체에서 상당히 중요하다. 외부인이 비상식적인 위장의 절차를 거쳐야만 가능한 광주로의 진입 방식은 역설적으로 광주시민과 시위대열의 모습을 구체화하는데 기여한다. 그것은 단지 외부인 대 내부인이라는 설정을 넘어 비정상인 대 정상인의 의미를 환치하기 때문이다. '외부인=비정상성'의 구도가 그 대척점에 있는 내부인(광주 시민)을 정상성의 범주로 상정하는 구도를 끌어온다. 두 작품에 공통적으로 드러나는 위장의 메커니즘은 '광주'라는 곳에 접근하기 위한 이들의 비정상적인 신분과 행위를 역설적으로 보여줌으로써 광주라는 공간의 정상성과 그 공간에서 시위를 벌이고 있는 광주시민의 행위에 정당성을 부여한다. 두 작품은 광주 현장에 대한 접근을 우회함으로써 사실(史實)에 대한 위험부담을 피해가는 한편, 역설적으로 5·18 민주화운동에 내재된 진짜 속성, 즉 정상적인 공간에 가해진 비정상적인 폭력의 잔인함을 여실히 드러내준다.

영화와 연극에서 동시에 강조되는 다리(발)의 이미지와 색채를 활용한 미장센은 위장을 해야만 사건의 본질에 다가갈 수밖에 없는 아이러니를 더욱 증폭시킨다. 연극에서 '잔머리 대마왕' 세수는 허위 교통사고 환자를 만들기 위해 "바로 그거야, 병신! 우린 병신이 되어야 해."라며 떨빡의 멀쩡한 다리를 부러뜨려 진짜 병신을 만든다. 진짜 절름발이가 되어서야 대학생들이 왜 시위를 하는지 알게 된 떨빡은 광주시민들과 합류하게 되고, 이후 다리를 절어가며 시민들과 함께 무대를 가로 질러 쫓겨 다니는 안타까운 모습을 연출한다. '시민의 발'로 상징되는 택시도 이와 연결된다. 만섭이 택시를 애지중지 했던 이유는 서울이 아니라 광주에서 밝혀진다. 만섭에게 택시는 유일한 돈벌이 수단이자 아내의 생명과 맞바

꿔 얻은 희생의 등가물이다. 남은 치료 대신 얼마간의 목돈을 남겨주고 세상을 떠나간 아내의 희생이 있었기에 만섭은 택시를 운전할 수 있었고 그 택시가 있었기에 광주를 이해하는 진짜 시민으로 거듭날 수 있었다. 힌츠페터 역시 그에 공감했기에 새벽녘 몰래 황태술의 집을 빠져나가는 만섭을 잠든 척하며 보내주는 것이다.

딸빡의 다리와 만섭의 택시는 그들을 광주 시위 현장으로 데려다 주는 물리적인 이동수단을 넘어 늘 땅(다리)으로 상징되던 민중을 대변한다. 민중에 덧입혀지는 붉은 색채는 한편으로는 혁명의 이미지를 끌어오기도 하지만 다른 한편으로는 잔인한 탄압을 떠올리게도 한다. 김만섭이 혼자 사복조장에게 폭행을 당하는 장면은 전체가 붉은 톤으로 인화되었다. 연극 후반부 구호를 외치며 등장했던 간호사들의 흰 유니폼에는 붉은 피가 낭자하다. 딸빡과 친구들이 광주시민을 대변할 수 있었기에 그들의 죽음은 광주 시민들의 죽음으로 환기된다. 김만섭이 김사복일 수밖에 없는 이유, 김만섭과 세 친구들이 진짜 시민으로 탈바꿈할 수 있었던 이유, 그것은 그들이 광주현장 경험을 통해 자신의 솔직한 내면과 정면으로 마주할 기회를 얻고 이를 통해 각성(覺醒)의 과정을 거칠 수 있었기 때문이다.

다시 맹자에게로 돌아가 보자. 맹자는 사람이 다른 동물과 구별되는 근거로 사단(四端)을 들었다. 측은지심(惻隱之心), 수오지심(羞惡之心), 사양지심(辭讓之心), 시비지심(是非之心)은 사람이라면 누구에게나 있는 본성이며, 이것 때문에 사람의 본성은 선한 것이라고 말이다. 이 중 수오지심은 의에서 우러나오기 때문에 잘못된 것을 보면 부끄러움을 깨닫는 동기로 작용한다. 영화 초반부의 김만섭은 악착스러워 보일만큼 생계에 집착하는 모습을 보인다. 바로 그 생에 대한 집착 때문에 다른 기사가 예약받은 승객을 새치기하여 광주로 떠난다. 영화의 상당 부분을 차지하는 광주에서의 일화는 그저 그 자체만을 묘

파하는 데 그치지 않는다. 영화 속에서의 김만섭이, 연극에서의 세 친구가 사건의 중심에서 실체와 직면한 후 여기에 반응하는 자신의 본성과 대면하게 하는 것이다. 그 본성은 일상을 뒤흔드는 엄청난 혼란을 경험하고 나서야 만섭이 그토록 애써 꾹꾹 눌러왔던 아내에 대한 죄책감까지 동반한 채, 심연의 바닥 저 끝까지 내려가서는 힘겹게 꿈틀거리며 현실로 올라온다. 만섭은 더 이상 되돌아보지 않을 수 없는 자신의 과거를 민낯으로 마주하고 재점검해야 하는 상황에 처한 것이다. 감독은 이러한 감정의 변화를 효과적으로 보여주기 위해 송강호의 얼굴 정면을 클로즈업한 일련의 쇼트들을 배치한다. 그래서 영화의 후반부는 택시운전사로서 변화된 김만섭의 모습이 초반부와는 상당히 다른 양상으로 펼쳐진다. '인(仁)은 사람의 마음이요, 의(義)는 사람의 길'이라는 말이 있다. 영화 후반부의 만섭은 더 이상 딸에게 부끄럽고 미안한 아버지가 아니며, 서민들의 애로사항을 진심으로 이해하는(仁) 진짜 시민으로(義) 살아간다.

　　의(義)는 '양(羊)'과 '아(我)'의 합성어로서 제의에 사용하는 창을 높이 쳐들고 희생 제물을 바치는 모습을 본뜬 글자라고 한다. 제의에는 바쳤던 제물을 공평하게 나누어 가지는 공정한 분배 절차가 포함되기 때문에 의에는 우리가 같은 사회에 소속되어 있다는 것을 확인시켜 주는 공동체 의식이 포함된다. 그리고 공동체 구현을 위해서는 반드시, 희생이 필요하다.

만섭이 세 들어 살고 있는 주인집의 여자는 만섭의 딸과 자신의 아들이 싸울 때마다 만섭에게 스트레스를 주는 존재로 기능하지만, 만섭의 부재 시에는 자상하게 딸을 챙기는 이웃공동체의 모습도 보여준다. 광주의 택시 기사들이 보여준 희생은 같은 직종에 종사하는 사람들만이 발현할 수 있는 직업공동체의 실례이다. 광주라는 공간에서 일어난 시민들의 희생은 단순히 지역공동체라는 범주를 뛰어넘는다. 서울과 광주를 오가는 만섭의 노정(路程)으로 대한민국이라는 공동체가 성립되고, 한국과 일본, 그리고 독일을 넘나든 힌츠페터로 인해 급기야 공동체는 전 세계로 확장된다. 그러한 공동체 의식이 형성된 근저에는 광주라는 공간이 있다. 죽은 엄마의 옷을 품고 잠든 딸의 모습이 만섭으로 하여금 아내에 대한 부끄러움을 자책감이라는 감정으로 포장하고 술로 위장해 왔던 삶을 변화시켰듯이, 5·18 민주화운동의 현장이 당시 광주에서 사건을 경험한 사람들로 하여금 그 동안 안주해왔던 자신들의 삶을 반성하고 의를 실천하도록 독려했듯이, 영화 〈택시운전사〉와 연극 〈충분히 애도되지 않은 슬픔〉은 우리들로 하여금 내면에 깊게 웅크리고 있던 본성의 실체를 일깨우고 의롭게 산다는 것이 어떤 의미인지를 되새기게 한다. 아마도 이것이, 천이백만 명을 웃도는 관객이 〈택시운전사〉를 보기 위해 극장을 찾은 이유 중 하나일 것이다.

예술은 때로 우리를 삶에서 유리(遊離)시키기도 하지만 또 한편으로는 우리를 삶과 밀착시키기도 한다. 5·18 민주화운동은 그 자체로 드라마틱한 소재라서가 아니라, 우리가 해결하지 못한 문제가 그 속에 도사리고 있어서가 아니라, 아직 진실이 규명되지 않아서가 아니라, 어쩌면 차마 고개를 돌려 모른 척하지 못하게 만드는, 그래서 사람의 마음을 사람다운 방식을 통해 실행될 수 있도록 이끄는 그 어떤 지점과 맞닿아 있는 것이 아닐는지. 이러한 보편적 측면이 작품의 만듦새나 완성도를 떠나 장르를 막론하고 지속적으로 작품의 소재가 되게 하는 것은 아닐는지. 김만섭과 세 친구들이 삶을 버리면서까지 의를 취하고자 했던 1980년 5월의 광주는, 그래서 계속해서 '그 곳'으로 '달려야' 하고 '애도해야만' 하는 이유를 지금도 우리에게 질문하는 것이 아닐는지.

최영희 고려대학교 국어국문학과에서 한국연극으로 박사학위를 받았으며 고려대, 서울과학기술대, 한국항공대, 덕성여대 등에서 연극과 영화, 글쓰기 등을 강의했다. 연극 평론을 하다가 웹진 〈문화 다〉 편집동인으로 활동하며 연극 평론과 TV드라마 평론을 다수 게재하였고, 『한국공연예술의 새로운 미래』, 『국민스타 최진실의 모든 것』, 『교양글쓰기』 책을 공동으로 집필하였다. 최근에는 동양고전을 번역하고 현대적인 관점에서 풀이하는 작업에 푹 빠져 있으며, 그 결과물로 『소서』(공저), 『장원』(공저), 『지낭』(공역), 『반경』(공역)을 출간하였다.

한국 영화와 해부하다 좋은 시리즈

택시운전사

초판 1쇄 인쇄   2018년 9월 4일
초판 1쇄 발행   2018년 9월 11일

엮은이   한국미디어문화학회
펴낸이   박성복
펴낸곳   도서출판 연극과인간
주 소   01047 서울특별시 강북구 노해로25길 61
등 록   2000년 2월 7일 제6−0480호
전 화   (02)912−5000
팩 스   (02)900−5036
홈페이지   www.worin.net
전자우편   worinnet@hanmail.net

ISBN 978−89−5786−653−5 04680
      978−89−5786−607−8 (세트)

값은 뒤표지에 있습니다.